李夏旭 / 著

现代心理
咨询实务

文匯出版社

序

现代人生活节奏快、压力大，心理问题发生率高。不仅成年人，近年来青少年儿童心理问题频发，甚至不少花季年华的中小学生发生自杀等极端行为，给家庭和社会造成沉重的伤害。然而心理咨询一直以来似乎戴着神秘的面纱，只面向极少数人，大多数人即便自身或家庭成员有一定的心理问题，也讳莫如深、讳疾忌医，导致抑郁症等疾病发生率飙升，已经成为致死的重要疾病。心理咨询，作为主动干预人的心理和精神状态的主要治疗工具，一直以来被作为极其专业、常人莫及的领域而存在，没有作为常规的心理疏导和心理保健措施而被广泛普及。事实上，大多数人都或多或少存在心理方面的或大或小的问题，如能及时调整干预，身心将更加健康，精神将更加愉快，社会将更加和谐。因此，将心理咨询进行广泛的普及，是现代和谐社会建设的非常必要的举措。

很高兴看到李夏旭老师的这本书问世。本书以清晰的逻辑脉络，贯穿了心理咨询的经典理论流派、现代主流心理咨询技术和心理咨询案例三个部分，将心理咨询的神秘面纱，以朴实有效的方式予以揭开。任何人，都可以通过本书了解心理咨询的基本面容，并根据书中内容进行合理的自我心理调整与疏导。特别的，对于有志于从事心理咨询服务这一高尚职业的人士，本书无疑是一本集理论、技术与实际案例于一体的优秀工具书，能够引导读者进入心理咨询神秘而广阔的领域，为进一步深造心理咨询的高端技术打下基础。

现代人不仅要保证身体的健康，心理健康同样重要。心理咨询应当被看作健身一样，作为人类追求身心健康和谐的必备途径。

真诚希望本书能够帮助到更多被心理问题所困的个人和家庭，为我们更美好的生活作出贡献。

华东师范大学教授、博导　路锦非
2020年8月于沪

目 录

前言   001

第一部分　心理学的四大流派   001

第一章　精神分析学派   002
    一、弗洛伊德精神分析学派的几个理论   005
    二、精神分析大师荣格的观点   015
    三、阿德勒的理论：个体心理学   019

第二章　行为治疗   023
    一、行为治疗的发展   025
    二、行为主义的优势   026
    三、行为主义的主要问题   027
    四、著名的行为主义实验   029
    五、行为主义的治疗方法   030

第三章　认知疗法   033
    一、认知疗法的实现步骤   035
    二、常用的认知疗法分类   037

第四章　人本主义   043
    一、马斯洛的需求层次理论   046
    二、罗杰斯的理论   049
    三、人本主义心理学的主要贡献   051

第五章　其他主要的心理学流派　055
　　一、构造主义心理学　055
　　二、机能主义心理学　055
　　三、格式塔心理学　056

第二部分　心理咨询方法　057

第一章　潜意识及其呈现方式　058
　　一、鞠强教授的现代解析　058
　　二、弗洛伊德的经典解析　061

第二章　房树人投射测试　063
　　一、什么是投射测试？　063
　　二、投射测试的种类　063
　　三、最常用投射测试：罗夏墨迹测验和主题统觉测验　064
　　四、一个有趣的性格测试　065
　　五、房树人绘画技术的理论知识　066

第三章　问题家庭　086
　　一、两个女明星的故事　086
　　二、问题家庭　097
　　三、问题家庭产生的负面毒害　108

第四章　荣格的意象呈现技术　109
　　一、"意象"概念的提出　109
　　二、从一个简单的小冥想开始：意象呈现之孵龙蛋　110
　　三、中国学者总结的九种意象对话　111
　　四、基本意象疗法的解读　113
　　五、案例实操　114

六、意象解读　　　　　　　　　　　　　116

第五章　现代催眠治疗技术　　　　　　　118
　　一、概念解析　　　　　　　　　　　　118
　　二、技术起源　　　　　　　　　　　　118
　　三、现代催眠的操作分析　　　　　　　119
　　四、现代催眠的操作体验　　　　　　　120
　　五、几种常用的催眠引导语　　　　　　127

第六章　NLP心理治疗　　　　　　　　　138
　　一、基础理论　　　　　　　　　　　　138
　　二、身心的运作机制分析　　　　　　　139
　　三、常用操作技巧　　　　　　　　　　140

第七章　海灵格家庭排列　　　　　　　　147
　　一、遗传学的新角度　　　　　　　　　147
　　二、家庭排列的操作语言　　　　　　　153

第八章　心身医学　　　　　　　　　　　161
　　一、概念解析　　　　　　　　　　　　161
　　二、发展历史　　　　　　　　　　　　161
　　三、心身疾病的概念　　　　　　　　　162
　　四、常见的心身疾病与治疗　　　　　　166

第九章　绘画疗法　　　　　　　　　　　170
　　一、概念介绍　　　　　　　　　　　　170
　　二、绘画治疗的几种方式　　　　　　　170
　　三、绘画治疗的原理　　　　　　　　　171
　　四、适应病症　　　　　　　　　　　　171

	五、优点	171
	六、曼陀罗绘画	172

第十章　沙盘治疗　175
　　一、沙盘治疗的概念和历史　175
　　二、沙盘治疗的原理　176
　　三、沙盘治疗的工具　177
　　四、沙盘治疗的过程　179
　　五、总结　180

第十一章　原型叙事疗法　193
　　一、原型叙事疗法的基本概念　193
　　二、原型叙事疗法的实录参考　198

第三部分　精选案例　207

第一章　创伤处理和人格构建　208
第二章　案例实录　228

前言

心理问题,在中国已经是一个很普遍的社会问题。很多在生活中看似正常的人,只要一走进他们的内心,或多或少都会有各种类型的心理创伤,这种创伤被伪装成婚姻问题、情感问题、工作问题、社会交往问题、孩子的教育问题,等等。在童年时期的被虐待、分离、被忽视都会给孩子的心理上留下或大或小的伤疤,这些伤疤就是他们未来人生的慢性毒药。听过很多道理,却过不好这一生,其深层原因就是创伤所致。但是这些问题真正能够被当事人意识到的不多,人们心理问题的日益增多和心理咨询师的匮乏是我们当前需要解决的主要矛盾。

留守儿童、问题家庭、问题父母等,这些成长经历对孩子的影响是深远的,抑郁、焦虑、精神分裂、人格分裂等,又会造成下一代的心理问题。

在中国,很多人认为心理治疗就是陪聊,认为对心理疾病的治疗最科学、有效的方式是吃药。这个观点也为很多精神科医生所乐见,他们一方面将非药物治疗神秘化,一方面将药物治疗神圣化,这种心理和治疗断裂的局面,也是现代精神医学和心理治疗之间,从教育到职业化之间的长期壁垒的具象化。我国的《精神卫生法》规定,心理咨询人员不得从事心理治疗或者精神障碍的诊断、治疗。只允许心理治疗师和精神科医生进行诊断和治疗。实际上,中国的心理咨询师承担着几乎所有的心理治疗功能。同时,在现存制度中,只有经由医药专业学校毕业的人才能通过每家医院内部的职称系统成为心理治疗师。

本书介绍了各种疗愈心理问题的方法，这些方法对不同心理状态的来访者会有不同的效果，其中意象对话和原型叙事疗法适合于绝大多数人，这对于很多还没有勇气直面自己创伤的人来说效果是很好的；而对于某些内视觉比较弱或者还没有准备好进入自己意象的人来说，我们辅以绘画治疗、曼陀罗等，同样可以达到不错的咨询效果。

现代心理学派和古典的不同在于，这是一套标准化的流程。我们在整套培训体系中，并不要求学员成为任何学派或者任何咨询方法都懂的天才。相反，我们按照一个标准化的体系，做出这套体系来就可以更快地完成。举个例子，如果说我们以往培训心理咨询师，是把他培训成一个什么菜系都会做，刀工、掌勺都精通的大厨的话，那么现代心理咨询就类似于麦当劳、肯德基的一个标准化流程，这样可以极大地提高咨询的效率，提高培训的效率。就以心理测评来说，心理测量有很多个量表，投射测验有很多，如果要学这些，完整学习的话可能要上几百堂课，但是我们选择了最实用的一个，即房树人测试。如果学员学有余力，可以看更多的投射测试，如罗夏墨迹测试等，但是我们的要求就是先选择房树人测试。

如果按照传统的心理咨询师的培训方法，那么需要七到八年才能培训出一个心理咨询师，其间所耗费的精力是非常巨大的，而且根据我们的经验，很多对此感兴趣的人会在这七八年的培训过程中慢慢地迷失掉，这实际上对整个行业的热情是一个打击。现在从古典心理咨询师的角度，从社会心理学到发展心理学，其间的领域所涉及的行业太多，所花的时间太多，效率也不高。我们现代心理咨询体系就非常简单，我们把它做成模块化，就像肯德基、麦当劳的操作一样，这个餐厅里并不需要什么大厨，相反，按照这个标准的操作流程来，掌握好了每一个流程，那么我们就可以成为一个标准的心理咨询师。这样或许并不能够达到像古典心理咨询师一样非常强、能够解决一切问题，但是根据我们的大数据显示，按照这套"短平快"的标准化操作流程，可以解决80%以上的难题，就是说，按照我们现代心理咨询体系，是非常适合于一个人从0到1的培养过程。

作　者

2020年8月

第一部分　心理学的四大流派

　　心理学是一门卷帙浩繁、博大精深的学科。据不完全统计，心理学中的大小学派超过 2000 个，而心理咨询技术，林林总总可能超过 10000 种，而且很多技术还处在不断的研发过程中。由于心理学横跨科学、宗教、艺术等多个大的领域，所以本身就是一个百花齐放、精彩纷呈的璀璨世界。

　　本书选取了两个维度的标准来设计内容。第一，就是学界公认的影响力比较大的学派。第二，就是我和我的同行在长期临床实践过程中验证咨询效果比较好的方法。

　　同时，考虑到很多基础理念学习起来的确很枯燥，本部分在讲解概念之前，会推荐一部"引路人电影"，方便大家更好地体会学术的精义。

第一章
精神分析学派

引路人电影：《卧虎藏龙》（导演：李安）

《卧虎藏龙》完美地解释了弗洛伊德"本我/自我/超我"的概念。

在这部电影中，有两方的冲突：李慕白和俞秀莲是"超我"的一方，玉娇龙是"本我"的一方。

我们先看看电影里李慕白和俞秀莲的情况。

李慕白是一代大侠，是整个江湖中人人称颂的人物。他的江湖地位非常高，无论是剑法还是品德都是绝对顶级的。在故事中，因为他丢了自己的佩剑，引得半个江湖都出动了，就是为了帮他把剑找回来。可见他的人品、口碑都是极好的，他获得了全社会的肯定。他就是"超我"的代表。

那么，他幸福吗？实际上并不。

影片开场，就是他的独白。他感到非常迷茫，他说："这次闭关静坐的时候，我一度进入了一种很深的寂静。我的周围只有光，时间、空间都不存在了……我没有得道的喜悦，相反的，却被一种寂灭的悲哀环绕，这悲哀超过了我能承受的极限，我出了定，没法再继续。"

还有就是他的爱情。他非常爱俞秀莲，俞秀莲也爱着他。俞秀莲甚至暗示说，"你来，我就等你"。但是这么多年来，两个人都已经四五十岁了，他和俞秀莲依然没有在一起。那是因为在多年前，俞秀莲的未婚夫为了救李慕白而死；那么从他或者江湖的观点来看，我的兄弟为我而死，我怎么可以娶他的未婚妻呢？这就是一种罪恶感。

他的红颜知己俞秀莲，又是一个什么样的性格呢？也是同样的压抑，否则上一段中她不会只有"暗示"了。她对玉娇龙说："我们都是坚持要对得起孟思昭（早逝的未婚夫）和那一纸婚约，你说的自由自在，我也渴望，但我从来没尝过。我虽然不是出生在官宦人家，但是一个女人一生该服从的道德和礼教并不少于你们。"

我们再看看玉娇龙的性格特点。

一个典型的问题少女。整个性格就是强烈的爱。她任性、自私，没有任何道德感，她的行为只图一时快乐，毫不顾及后果。

1. 说话完全不算数。片中有一段：俞秀莲让她交出李慕白的青冥剑，说：我打赢了你，你就把剑交出来。之后呢，玉娇龙打输了。但是输了后，她不但没有依约交出宝剑，还转手就把俞秀莲刺伤了。实际上，俞秀莲刚刚在前一秒钟就可以把她杀了。

2. 完全不矜持。她被大盗半天云抢走后，处了一段时间，居然主动和大盗半天云私定终身。

3. 极度嚣张。电影中有一个片段是，她遇到了很多武林前辈，她没有好好地打招呼行礼，反而说："武当山是酒馆娼寮，我不稀罕！""今朝踏破峨眉顶，明日拔去武当峰。"她把江湖人士的偶像鄙视得一塌糊涂。

4. 敢爱敢恨。她的说法是："我爱跟谁混就跟谁混！""爱就爱了呗。"她向俞秀莲说起自己的感情观："自由自在地生活，选择自己心爱的人，用自己的方式去爱他，才是真正的幸福。"这句话里的重点其实不是爱，而是"自己"。她的爱是自私的，她爱的其实是自己，只把恋爱对象当成客体而已。

我们再看看剧中两人的互动，其实是超我和本我的交锋。

这个"交锋"很有意思。李慕白意识层面是惜才，要把玉娇龙收为徒弟，好好管教。而潜意识层面，则是他知道他的"超我"法则是不对的。

吸引他的是玉娇龙"本我"的个性，为自己而活的个性！

几次交锋之后，李慕白内在的本我开始苏醒。在被碧眼狐狸暗算后，濒死之际，他终于勇敢地迈出了一步。他向俞秀莲表白压抑在心里的爱："我浪费了这一生，我一直深爱着你。"

我们想想，假如李慕白和俞秀莲能有玉娇龙一半的本我意识，做选择时，能够遵从于本心一些，他们可能早就是夫妻，儿女成群，幸福一生了。怎么会两人孤单到死呢？

另一边，玉娇龙在这"交锋"中也被改变。影片最终的结局，她没有去和大盗半天云私奔，而是相信了"心诚则灵"的童话故事，跳落山崖了。

下面，我们进入精神分析流派的正题。一边学习理论知识，一边继续揣摩这部电影，可以更好地理解弗洛伊德的理论。

精神分析流派的代表人物有：弗洛伊德、荣格和阿德勒。

西格蒙德·弗洛伊德（S. Freud，1856—1939），奥地利精神病医师、心理学家，精神分析学派创始人。著有《梦的解析》。

卡尔·荣格（Carl Gustav Jung，1875—1961），分析心理学的创立者，瑞士心理学家和精神分析医师。早年曾和弗洛伊德合作，由于观点不同，随后两人的关系宣告破裂。

阿德勒（Alfred Adler，1870—1937），奥地利精神病学家。现代自我心理学之父，人本主义心理学先驱，个体心理学的创始人。同样最后也与弗洛伊德的学术关系破裂。

一、弗洛伊德精神分析学派的几个理论

（一）人的两种本能／冲动（力比多）

1. 生本能：食、性、爱欲、生存、建设、幸福感等。

2. 死本能：破坏、毁灭、冲突、攻击性、死亡等。

（二）人格三重结构：本我、自我和超我

本我是个体原始的意识状态，更类似于动物。它遵循简单快乐原则，也就是说它需要满足时就希望得到满足。

自我是指个体为了调和周围世界和内部驱力通过暂停或者停止快乐原则，追随客观环境的现实原则而发展出来的意识状态。它能接受不满足或者延迟满足。它遵循现实主义原则。

一种观点认为自我的范式与本我同时存在，然后发展壮大。还有一种说法认为自我是从本我中分化出来的。

超我是社会我。是来自外在环境的道德等影响而产生的意识状态，它遵循完美主义原则和理想原则。超我是社会性的，它会以良心等形式表现。

关于超我开始发展的时间，在精神分析学派中目前有两种观点，一种认为超我是在 6 岁开始慢慢形成的，另一种观点则认为超我是 10 岁左右开始形成的。

本我作为个体早期的基点，它遵守快乐原则，然后在个体和现实环境的互动和适应发展中出现自我，以开始适应现实原则。主要表现为幼儿的本我遵循的快乐原则，是即时快乐的方式，想得到就立即要得到，但这在现实环境情况下可能不被允许，于是在成长中出现延迟获得满足的思维，这样自我就开始崛起和发展。

再以后超我的力量开始崛起。这主要是由于社会道德等加入个体内部的竞争，在自我的基础上发展出超我，所以超我应该看作是一种特殊的自我，但又反过来制约自我。

处在6岁或10岁这个年龄点，正是个体的主观分化，能够感受他人的感觉、想法与自己的感觉、想法可能有所不同的年龄段的开始或者完成的阶段。

本我：为达成趋利避害的目的，本我采取两种方式，一为生物层面的"反射动作"，另一则为精神层面的"原始性思考程序"。

（1）对一切事情的发展推动，均以感情、欲望为原动力，不考虑逻辑；

（2）对于各种感情均未有仔细的分化，常以单纯且极端的感情代表所有类似的情感；

（3）没有时间、空间的观念，所以也不受时空的限制；

（4）对于事物之间划分不甚明确，很容易产生凝缩、转移。

自我：遵循现实原则，衡量客观现实的条件规范，有理性、有组织、有条理的，符合现实的期望。其功能包括：

（1）获得基本需求的满足，以维持生存和发展；

（2）管制不为超我所接受的本我的冲动，调和二者的冲突；

（3）调节本我的原始需求，以符合现实环境的条件。

自我的行为受现实原则所支配，准则是：

（1）经济人的判断。判断是否实在，而非空虚的幻想；

（2）各种情绪、观念都精细分开，不再含糊不分、混为一体；

（3）必要时需要控制欲望；

(4) 考虑是否可能。符不符合现实,考量利害关系及考虑后果如何;
(5) 以逻辑为思考步骤,用逻辑解释事物的发展和因果关系。

超我:遵循理想主义原则、完美道德原则,良心、道德至上。

超我包含三个重要部分:(1) 社会道德标准;(2) 良心;(3) 自我控制和理想。

超我的主要功能有三种:(1) 控制本我的冲动,特别是具有性及攻击冲动的本能,防止因为这两种冲动的表达而造成被环境伤害;(2) 鼓励人们奋力追求完美;(3) 说服自我以道德目标代替现实目标。

(三) 意识层次与潜意识

按照弗洛伊德的观点,人的意识层次(level of awareness)可分成意识层面(conscious level)、前意识层面(preconscious level)与潜意识层面(unconscious)三个层面。

意识:个体在任何时候都可以觉察到的感觉和体验。

前意识:通过适当的努力或注意就可以提取的关于事件和体验的记忆等。

潜意识:对意识构成威胁而必须推开的情绪和记忆等内容,是不能通过简单的注意就能有意觉察到的,可能在梦、诙谐、口误中泄露其部分,也可以通过精神分析等技术发现。

潜意识和无意识是否存在区别呢?在一些翻译上这两者有时候被混为一谈。按照张春兴的《现代心理学》(上海人民出版社)所引用的资料定义,这两者存在区别,但也有相同之处,无意识是指不能觉察的意识状态。

发现潜意识的方法:

1. "投射测验"。内心的念头,潜意识的投射透过此深入地了解当事人现在行为的现象,可运用一些投射测验来辅助分析。例如罗夏墨迹测验和主题统觉（TMT）等，后面会做详细分析。

2. "自由联想/意象呈现"观察潜意识，后面会做详细说明。

3. 分析梦

（1）梦的本质：潜意识里需求的表达。

（2）梦的改装（象征）：一种潜意识的语言和思维方式。

（3）梦的过程：(a) 象征化（用具体来表达象征）；(b) 转移作用；(c) 梦中的情感；(d) 凝缩作用（简化作用）；(e) 修正（校正）。

（4）作用：意识的保护。

来访者受到创伤，意识会保护自己，从而将创伤压抑在潜意识中。我们的心理咨询，就是"先揭开保护层，呈现伤口，再小心缝合"的过程。

4. 移情作用，即当事人将情感转到咨询师的身上。

（1）正移转（爱上你）；（2）负移转（想成仇人）。

功能：

（1）当事人更能了解现实和想象的困难。

（2）可以把此移转用于情绪的修复。

（3）领悟：通过咨询时的关系建立，可以修复原本的创伤的情绪体验。

（四）人格发展阶段

口腔期：0—1岁（可能长或短一点，下同），吃奶、吸吮的动作。

肛门期：1—3岁，排便溺（训练大小便、排大小便时的快感）。

性器期：3—7岁，俄狄浦斯期（男：恋母情结；女：恋父情结）。

潜伏期：7—13岁。

两性期：14岁之后。

补充：俄狄浦斯情结是一个饱受争议的概念，在精神分析现代主要潮流的客体关系理论中，俄狄浦斯情结并不受到过多重视，而更多讨论前俄狄浦斯期的内容。在西方女权主义的作品中，俄狄浦斯情结也受到广泛质疑。

在此，我们引入另一部电影：《少年派的奇幻漂流》（导演：李安）。

影片开头，少年的烦恼：

派，是少年的名字。发音上和"pi"类似，pi在英文中是尿尿的意思。少年此时还没有发育，没有直接生理上的性欲，但是和性相关的尊严感已经产生。别的孩子取笑他的名字，此时他体现出了少年的倔强：做了一次次的尝试就是为了消除掉对方轻蔑的看法。他努力地背下π的两黑板尾数改变了局面，这是第一个成长的经历。

中间是混乱的成长片段：

乱七八糟的"信仰"片段，当和哥哥拉维打赌是否敢去教堂喝水后，在教堂中接触了耶稣，接着同时拥有三种信仰（基督教、天主教、数量众多的印度教众神）的派在晚餐时候被爸爸教育：信仰那么多，等于什么都不相信。派当时的回答是：我接受洗礼。

此时的他，想"长大"，虽然还没有方向。

然后，就是成长的创伤，分离焦虑：遭遇海上风暴。

海上风暴之后，只剩下派和那只孟加拉虎。在精神分析学派的理论中，此时的"老虎"，是男性生殖器的代表，也就是阿尼姆斯原型的象征（后面讲荣格的内容时会提到）。可以扩展理解为一种生存的原始动力，一种有生命之物为了继续生存而竭尽全力的欲望和力量。在被教化、社会化的人当中，往往已经体会不到生的原动力；但是，在残酷的丛林法则中，在死亡的汪洋大海中，生，作为一种渺小、脆弱而有限的存在，却能爆发出强大、坚韧、绝对性的力量。

这是一种很有意思的状态：第一，派有机会杀掉老虎，可是他没有这么做，因为他意识到自己需要它，即使老虎一不小心就会吃掉自己。第二，老虎在面对梦幻食人岛时，没有留下来"享受"，而是回到了船上。第三，最终的结果就是派和那只老虎（自己的阿尼姆斯原型）在博弈中相处。

随后，梦幻食人岛：女人的样子，妈妈的样子。上面有瓜果食物，数不清的狐獴。这似乎是一个天堂。这是母亲"子宫"意象。

后来，出现的牙齿和意识到的酸潮，表明"无法，再也不能回到母亲的体内"。任何人，感觉最安全的时候，当然是在母亲的子宫里。这是最安全的地方，但也是回不去的地方，是需要告诫自己不可能再在现实生活中存在的地方。没有逃避，只有直面生活。人的成长，需要面对一个精神上"脱离脐带"的过程。在这个故事讲完后，有一句台词："人生就是不断地放下，但最痛苦的是，我没有能好好和他们道别。"

实际上李安导演无疑是最懂精神分析流派的导演，精神分析流派也在无数伟大导演的演绎中证明了自身不朽的价值。

（五）力比多

力比多，是心理活动的能量。当力比多发生作用时，我们就出现一种心理兴奋状态。在精神分析的某些文献中，力比多约等于"本能"，但这里的"本能"是力比多的意义，而不是生理学上本能的意思。

力比多包括性力比多和攻击力比多两种。弗洛伊德提出的观点类似于生理意义上的表达，不过他也认识到这和简单的生理兴奋不完全相同，它是比较高级的"生理"兴奋。但也不是所有精神分析学派的心理学家都同意这一观点。

（六）防御机制

安娜·弗洛伊德（弗洛伊德的女儿）提出的和国际精神分析学会的防

御机制定义是：自我对于本我冲动的对抗作用就是防御机制。简而言之，就是在遇到创伤性事件的时候，我们的意识对我们自身的某些防御活动。这些防御有很多不同的类型，包括压抑、反向、合理化等。

1. 压抑——是自我阻止本我的不利冲动或本我派生的记忆、幻想、情感等，所有这些，都是在意识活动中不存在的。这些内容不自觉地会被压抑到无意识中去，使个体不再因此而产生焦虑、痛苦。例如一个女性来访者或许忘记了她多年前曾被强奸的事件，即使被提醒也对此没有任何记忆，而且她的表现在其意识层面并没有假装和掩饰的痕迹。但她可能因此压抑而产生神经症的痛苦，来维护一种心灵不受到伤害，能继续生活下去的表面现象。

2. 否认——以随心所欲的方式对不希望或不愉快的现实加以否定。

常见的例子是一些突发事件：一个被爸爸打了一顿的小男孩说他自己是个大英雄，以否认自己的失败，而以一种强有力的表现来取代前面不舒适的冲动。

3. 转移——个体对某个人的情感、态度、欲念，以为对方或社会接受困难而被自己的理智所控制，并把它转移到其他人或物件上，以减轻心理负担。

比如我们往往会发现，当一个人正在气头上的时候，谁和他说话他都会怒气冲冲的。其实他并非真的要向别人发火，但是不由自主地会将自己心中的怒气转移到别人身上。

4. 合理化——自我遭受挫折时，用有利于自己的理由来为自我辩解，将面临窘境时的本我冲动加以修饰，以隐瞒自己的真实动机，从而为自己进行解脱的一种心理防御机制。例如：吃不到葡萄所以说它是酸的。

5. 投射——自我将所不能容忍的本我冲动、欲望转移到他人的身上，将自己的欲望投射到别人的身上从而得到一种解脱的心理机制。

例如一个贪污的官员总是说反贪污,这就是一种"投射",或一个男孩很爱一个女孩,但因为害怕表白,就说是自己的室友喜欢那个女孩。

6. 退行——人受到挫折无法应付时,即放弃已经学会的成熟态度和行为模式,使用以往较幼稚的方式来满足自己的欲望,这叫退行。

如一个人因为外在事件而导致价值观破碎时,可能暂时退回到童年期的心理特征中。

7. 反向形成——是指对内心的一种难以接受的观念或情感以相反的态度与行为表现出来。例如一个人很爱她的一个同性朋友,但其实可能是一种无意识中的恨。或许因为她的同伴比她强。她通过表面上强化自己这种友好来抵御内心的嫉妒冲动。

8. 升华——个体把那些不为社会或他人所接受的行为所导致的消极情绪转化为符合社会标准、高尚追求的行为,即"化悲痛为力量"。

例如失恋后不是一蹶不振,也不是愤世嫉俗,而是通过奋发上进,写诗写小说来发泄被压抑的情绪,以消除焦虑情绪,重新找回自信,保持内心的平衡。但升华在一些观点中并不被认为是防御模式之一。

9. 隔离——当一些不快的记忆或情感已经进入意识中时,自我强烈地将它们排除出去,而不让意识去接触,把这些分隔于意识之外,以免引起精神上的不愉快,这种机制叫隔离。

如一个失恋的人不愿意意识到他的失败,他拒绝设想里面的情绪,而去做别的事情。但情绪的冲动还是攻击他的自我。

10. 反向自身——当自我需要表达愤怒等情绪时,因为害怕反对者,所以转而攻击自己。在无意识中认同攻击客体。

11. 补偿——是指个体利用某种方法来弥补其生理或心理上的缺陷,从而掩盖自己的自卑感和不安全感,所谓"失之东隅,收之桑榆"就是这种作用。

这在残疾人身上看得很明显，比如盲人的听力特别好。

12. 认同——是指无意识中取他人（一般是自己敬爱和尊崇的人）之长归为己有，作为自己行为的一部分去表达，借以排解焦虑与适应的一种防御手段。如有些自卑的人，特别喜欢炫富、炫特权，以关系户众多为荣，媒体上也经常可见相关的新闻。

13. 幽默——是指对于困境以豁达、自嘲的方式处理。它没有个人的不适及没有不快地影响别人情感的公开显露。它与诙谐、说笑话还不完全一样。幽默仍然允许一个人承担及集中注意于困窘的境遇上，而诙谐、打趣的话却引起分心或使从情感的问题上移开。

14. 过度代偿——又称过度补偿。是指一个真正的或幻想的躯体或心理缺陷可通过代偿而得到超乎寻常的纠正。这是一个意识的或无意识的过程。如有些残疾人可通过惊人的努力而变成世界著名的运动员。有些口吃者可成功地变成一位说话流利的演说家。

弗洛伊德经典语录

1. 梦是愿望的满足。

2. 人的内心，既求生，也求死。我们既追逐光明，也追逐黑暗。我们既渴望爱，有时候却又近乎自毁地浪掷手中的爱。人的心中好像一直有一片荒芜的野地，留给那个幽暗又寂寞的自我。

3. 没有口误这回事；所有的口误都是潜意识的真实流露；当你瞧不起一个人的时候，这种轻视一定能够感觉得到，那他/她就会做出某些事情来自卫。

4. 我坚信人类文明是以牺牲原始的本能为代价而创造出来的。

5. 本我过去在哪里，自我就应在哪里。

6. 人类天生具有"弑父情结"，从一出生，他就注定要和父亲展开斗争，以摆脱被统治、被支配的地位，争取独立自由的权利，进而掌握家庭的主导权和社会的主动权。

7. 凡人皆无法隐瞒私情，尽管他的嘴可以保持缄默，但他的手指却会多嘴多舌。

8. 没有所谓玩笑，所有的玩笑都有认真的成分。

9. 感情的冲动更接近于基于性本能的欲望冲动。

10. 我们整个心理活动似乎都是在下决心去求取欢乐，避免痛苦，而自动地受唯乐原则的调节。

11. 意识是一种特殊的心理行为，它是感官将其他来源的材料经过一番加工而形成的产品。

12. 睡眠的时候，心灵面对外界的刺激，要么不予理睬，要么采用梦去否认它的存在，或者"编织栩栩如生的谎言"，尽可能地延续睡眠。因此，我们可以把"睡眠的欲望"也看成梦的动机之一，每一个梦都是这种欲望的满足。

13. 即使是内容痛苦的梦，也可以用欲望的满足来解释。这一类梦的解释，肯定会牵扯到很多我们不愿意讲出或者不愿意想到的事情。每个人都有一些隐私，不愿意告诉别人，甚至自己都不愿意承认。但是如果出现在梦里，就绝不仅仅是偶然事件的巧合。梦中唤起的痛苦感情，正是为了阻止我们提及或者讨论那些痛苦的事情。

14. 我们始终节制着自己，以便保持我们的纯正……这种对自然本能的不断压抑，给了我们某种优雅的气质。

15. 某种内容使第二种力量感到痛苦，同时又满足了第一种力量的欲望，这种内容就会反映为痛苦的梦。这也就回答了"为什么痛苦的梦里也体现了欲望的满足"。

二、精神分析大师荣格的观点

（一）意识层次

荣格曾用"集体潜意识"来指客体心灵，他将人的意识大致分为三个层次。

1. 个人意识（personal consciousness）

人有意识的心智，是心中关于认知、感觉、思考以及记忆的部分，相对最容易被个体觉察到的部分。

2. 个人潜意识（personal unconscious）

相对个人意识而言，它是独特的，但无法轻易被察觉；由心灵中曾经被意识到，但又随之被压抑或遗忘，或者从一开始就没有形成有意识的印象而构成。它就类似一个蓄水池，充满了曾经在意识中，而今因其不重要或令人烦恼而被压抑或遗忘的材料。

以上这两点都融合了弗洛伊德的观点。

3. 集体无意识（collective unconsciousness）

集体无意识是人类心灵普遍存在的结构，虽然个体不了解，但却是一个与古代人类的联结脉络。它是人格中最深、最不易碰触到的层次，包含了世代累积的普世经验、共同价值与形式的文化世界。

（二）原型理论

原型（archetypes）也叫原始意象，它是指在集体潜意识中的原始经验通过主题或模式的再现得以印证。也就是说人类有多少共同经验，就有多少这样的意象。原型印刻在我们的心灵中，并在我们的梦境和幻想中得以展现。

荣格提出了"母亲、英雄、权利、智慧老人"等原型，其中阿尼姆斯原型和阿尼玛原型广为流传。

阿尼姆斯原型（animus archetype）：男性以及男性生殖器的代表。扩展为男性气质，比如勇敢、力量等特质。

阿尼玛原型（anima archetype）：女性以及女性生殖器的代表。扩展为生命、安全、温柔等女性特质。

（三）内向与外向

在此，我将荣格的心理理论中的人格理论进行简单的解释（其实远没有这么简单），人可以分为内外倾向，也就是我们常说的内向与外向。他认为心理能量可以向外导向外部世界，也可以向内导向自我。

1. 内向者（introversion）：害羞，退缩，倾向于关注自我，关注自己的思想和感受。

2. 外向者（extraversion）：开放，擅长社交，具有社交自信，关注他人和外部世界。

根据主导地位的程度不同，又能将人分为不同的人格类型。荣格强调人的个性化（individuation）。

3. 人格面具（persona）：是人在潜意识里具有的一种能力，能够按照不同的情景、场所来调整自身的角色。换而言之，它是指人能够根据外在要求，灵活地表现出合适的态度和言行。其作用是使人与其所处的社会环境之间达成一种谅解，如果这种能力表现得迟缓不灵、呆滞不化，人就不能很好地协调自己与他人的人际关系。人格面具是公之于众的自我，它是由于人们必须在社会中扮演各种角色而发展起来的。也就是说，人格面具是人与外部环境协调的部分，是心灵的一部分。人在不同的场合可能有不同的行为表现，但这并不等于人有不同的内在人格。相反，如果我们不能在不同的环境中灵活地表现自己，即过分关注人格面具，过分地热衷和沉湎于自己所扮演的角色，仅仅把自己认同为自己所扮演的角色，则必然要牺牲人格结构中的其他组成部分，由此可能导致情绪上的忧伤或适应不良，对心理健康造成危害。因此，人在社会生活中，既要学会戴面具，也要学会适时把它摘下来。

荣格语录

1. 理解自身的阴暗，是对付他人阴暗一面的最好方法。

2. 对于普通人来说，一生最重要的功课就是学会接受自己。

3. 父母死气沉沉的生活对周围人特别是自己孩子的影响，是无与伦比的。

4. 与其做好人，我宁愿做一个完整的人。

5. 孤独并不是来自身边无人。感到孤独的真正原因是因为一个人无法与他人交流对其最要紧的感受。

6. 你连想改变别人的念头都不要有。要学习太阳一样，只是发出光和热，每个人接收阳光的反应有所不同，有人觉得刺眼有人觉得温暖，有人甚至躲开阳光。种子破土发芽前没有任何的迹象，是因为没到那个时间点。只有自己才是自己的拯救者。

7. 一个人毕其一生的努力就是在整合他自童年时代起就已形成的性格。

8. 你没有觉察到的事情，就会变成你的"命运"。

9. 我们的自由不在我们之外，而在我们之内。人会受外在的约束，因为他能打破内在的枷锁，他还是能感到自由。

10. 往外张望的人在做梦，向内审视的人才是清醒的。

11. 每件促使我们注意到他人的事，都能使我们更好地理解自己。

12. 一个人感觉合脚的鞋却会夹痛另一个人的脚。

13. 梦无所遮蔽，我们只是不理解它的语言罢了。梦给我们展示的是未加修饰的自然的真理。梦是无意识心灵自发的和没有扭曲的产物，梦是启迪，是人的潜意识在努力使整个心灵更趋于和谐、合理。大多数危机都有一个很长的潜伏期，只是意识觉察不到而已。梦能够泄露这一秘密。

14. 思想的动摇并非是在正确与错误之间左右不定，而是一种理智与非理智之间徘徊。

15. 只有撇开对外物的追求，才能到达灵魂的所在。若他找不到灵魂，他将陷入空虚的恐惧，而这恐惧将挥舞长鞭，驱使他绝望盲目地追求空洞的世事。他将受无尽的渴求愚弄，在心灵之路上迷失自己，再也找不着灵魂。

16. 如果没有悲伤与之平衡，"快乐"这个词将失去意义。

17. 谁要是学会了跟他的无力并存，那人就获益良多。

18. 心理治疗的主要目的，并不是使病人进入一种不可能的幸福状态，而是帮助他们树立一种面对苦难的、哲学式的耐心和坚定。

19. 每个人都有两次生命。第一次是活给别人看的，第二次是活给自己的。第二次生命，常常从四十岁开始。

20. 当爱支配一切时，权力就不存在了；当权力主宰一切时，爱就消失了。两者互为对方的影子。

21. 如果目的是摧毁、瓦解或削弱，批评会卓有成效。但是如果目的是建设，批评只会造成伤害。

22. 健康的人不会折磨他人，往往是那些曾受折磨的人转而成为折磨他人者。

23. 遗忘是一常态过程，在这一过程中，由于人注意力的转向，某些思想观念便失去它们特有的能量。

三、阿德勒的理论：个体心理学

阿尔弗雷德·阿德勒出生于奥地利维也纳，心理学家，个体心理学派创始人，医学博士。其著作有《个体心理学的实践与理论》（1927年出版）与《理解人性》。

阿德勒继承了弗洛伊德的无意识原则，但他又缩小俄狄浦斯情结和性欲对个性的形成以及在神经官能症的发生中的作用。他注重的是人与人之间的关系、竞争和完美的愿望。他在研究"器官缺陷"的著作中提出，人类很早就体验到软弱感和对安全的需要。

如果说婴儿在同他母亲的共生中自然地得到了延续生命所需要的保护（这几乎决定着人类最重要的相互关联的性质），儿童就能够很快地单纯依赖自身的力量。儿童也总是渴望获得更大的能力：对力量的追求，增加自己的本领并超过他人。于是个人处于一种经常努力的状态，这既是为了补偿天生的劣势，同时也是为了维持自身的平衡。

从增长能力的目的来看，以个人的能力、所受教育以及周围环境的影响出发，形成了个人的性格，也导致了个人的行动。不过也会碰到困难，首先是自我肯定倾向和集体观念之间的矛盾所引起的困难。有些困难表现出是不可克服的。人们日益感到不足，就日渐产生一种卑劣情绪和一种过度的紧张心理，而这恰恰能引起躯体的紊乱。因为疾病不仅能把人从他的责任感里解脱出来，使他避免因失败而引起的对自恋的创伤，同时还允许人延缓作出重要的决定，比如挑选一个职业或一位配偶。

阿德勒认为，神经官能症患者通过与心理治疗者对话，能够学会同他内心的道德标准相一致。心理治疗者则努力将他的病人引导到对个人生活作风以及他自己的道德标准体系采取批判的立场。

一切生存的问题都是劳动、爱情和社会生活的问题。个人的幸福不能靠损害他人获得，而只能依靠他人或与他人共同取得。要从社会形成的苦恼中解脱出来并重新回到与人类充分一致，条件就是改变人类的生活安排。依靠自由意志，这种改变就有可能。

阿德勒认为每个人在幼儿时期，就已经开始渐渐形成一种生活模式，根据此生活模式而形成生活的主观目标。但每个人的生活模式不同，因此每一个人的主观目标不完全相同。研究心理过程应以每个人的特殊心理经验为对象，所以阿德勒的心理学被称为"个体心理学"或"个人心理学"。

所谓"个人"，阿德勒强调每一个人都有一种奋力驱使追求优越，以此来适应环境，从而达到个人的整合和统一。

阿德勒语录

1. 人能够主宰自己的命运，不必受命运支配。
2. 每个人都有不同程度的自卑感，而优越感即自卑感的补偿。
3. 生活的意义在于奉献、对别人发生兴趣以及互助合作。如果人们不能体会和认识人类的重要性是依他们对别人生活所做的贡献而定，那么人们就很容易孕育出错误的意义。
4. 很多时候，目的是正确的，只是选择了错误的方法。
5. 个体心理学认为人类的所有问题都可归于职业、交际和两性这三个问题。每个人对于这三个问题的反应，都明了地显现出他对生命意义的深层次诠释。
6. 我们称人类对环境所做的改变为文化，即精神指导肉体的结果。
7. 每个人都希望自己变得重要、有价值，但如若不能搞懂个人的成就建立在对他人做出贡献的基础之上，那就太容易走上歧途。人的理想和行为，同样遵从这一原则：对于他人有意义的，才能算是意义。

8. 当一个人遇到无法解决的问题却深信自己能够解决时，就会表现出自卑情结。

9. 奉献乃是生活的真实意义。假如我们在今日检视我们从祖先手里接下来的遗物，我们将会看到什么？他们留下来的东西，都是他们对人类生活的贡献。

10. 能够成功应对生活难题的人似乎都明白生命的意义在于懂得关注他人，与他人合作；在遇到困难时，能用不损害他人利益的方式解决。

11. 人人都在追求属于自己独有的一种优越感。它取决于人们赋予生命的意义。

12. 一旦做对了的事没受到关注，人就会试图去做不对的事，以求受到"负面关注"。我们不该为了迫使人生陷入悲惨境遇的事而努力。

13. 如果我们能意识到武力永远无法赢得合作与爱，这个世界就可以避免无数的紧张关系，不用做那么多的无用功。

14. 逞强是自卑感的另一种表现。不要努力"看起来很强"，而是努力"变得很强"。

15. 我们每个人都有不同程度的自卑感，因为我们都想让自己更优秀，让自己过更好的生活。

16. 正因为目标永远不会有达到的一天，所以自卑感油然而生。

17. 怀有自卑感，不代表自己心态不健全，要看自己如何看待自卑感。

18. 不是因为你不好，而有自卑感。无论看起来多么优秀的人，多少都会感到自卑。只要还有目标，当然就有自卑感。

19. "世界很单纯，人生也一样。"不是"世界"复杂，而是"你"把世界变复杂了。没有一个人是住在客观的世界里，我们都居住在一个各自赋予其意义的主观的世界。

20. 人是描绘自我人生的画家，只有你能创造自己，只有你能决定今后的人生。

21. 有许多以自卑感为借口、逃避人生课题的胆小鬼。也有不少以自卑感作为发条而成就丰功伟业的人。

22. 热心的人，不见得是体贴的人。他只是想让对方依赖自己，真切感受到自己是个重要的存在。

在本章最后，推荐一部电影《危险方法》，讲的是弗洛伊德和荣格两位大师的故事，由大卫·柯南伯格执导。影片根据英国编剧克里斯托弗·汉普顿的舞台剧《谈话治疗》改编而成，讲述了一名年轻貌美的女病人让两位未来的心理学家弗洛伊德和荣格大受启发，却又最终导致二人分道扬镳的故事。

第二章
行为治疗

引路人电影：《发条橙》（导演：斯坦利·库布里克）

这是一个"改造坏孩子"的故事。

故事发生在未来社会。在亚历克斯的率领下，几个充满暴力倾向的青年在刚喝过据说含有毒品成分的奶后，开始到处去寻欢作乐。他们先是痛打了一个街边的流浪汉，而后找到一群欲强奸少女的流氓，为报私怨大打出手。

一场恶战后，亚历克斯和同伙驾车飞驰，在马路上肆意逆行。在郊外的一处寓所，亚历克斯以发生交通事故为由向这里的户主、作家亚历山大夫妇借用电话，当门打开时，他们就戴着面具冲入屋内，殴打作家，并当着作家面轮奸他的妻子。

晚上他们又一起准备以相同的方法进入富婆"猫夫人"家中，不料"猫夫人"早有防范，不但没有开门，还在亚历克斯离开后给警察打了电话。亚历克斯失手将"猫夫人"打死，而当他慌忙逃出"猫夫人"的公寓时，被意图报复的手下当场击昏，最后被赶来的警察逮捕。亚历克斯以杀人罪被判入狱14年。

当时的政府对这些青年采取了一项实验性的治疗措施，就是"厌恶疗法"。方法很简单：在对"实验品"注射某种药物后，用个人电影的方式将一些极端残忍和血腥的犯罪事件放大、加压，不停地给"实验品"看。在药物的作用下，"实验品"的原欲与身体指涉着不同的方向，先天的快感与药物的恶心感使他们的身体无所适从，这种难以忍受的分裂状态将有效且强力抑制住"实验品"的一切恶欲。不知底细的亚历克斯自告奋勇，自愿充当这项政府新实验的"实验品"。实验很成功，亚历克斯在实验结束后如政府所愿，变成一个打不还手、骂不还口、没有性欲且绝对不会危害社会的"新人"。

《发条橙》是1972年斯坦利·库布里克执导的犯罪片，由马尔科姆·麦克道威尔领衔主演。该片荒诞而引人思考，可以让人从多角度思考行为治疗的方法。

这种方法其实是典型的行为主义流派下的厌恶疗法，它的原理是将不当行为（这一行为受到某种愉快体验反应的强化）与一种厌恶反应建立联系，从而使人放弃或回避问题行为。一般来说，由于厌恶刺激（催吐剂是常用的厌恶刺激）可能会造成一定的危险和副作用，厌恶疗法需要在其他干预措施无效且来访者愿意的情况下才会选用。

行为主义是心理学的主要流派之一，也是对西方心理学影响较大的流派之一，其创始人是美国的心理学家华生。行为主义心理学主张以客观的方法研究人类的行为，从而预测和控制有机体的行为。它可区分为古典行为主义学派和新行为主义学派。古典行为主义的代表人物以华生为首，其次则有霍尔特、拉什里、亨特和魏斯。新行为主义的主要代表则为托尔曼、斯金纳、班杜拉、赫尔等。

同样的，行为治疗也有巨大的缺陷，往往就是"治标不治本"。能解决的神经症问题非常有限，而且很多时候会掩盖问题。因为很多时候的心理疾病并不是简单的疾病本身，而是一种"呼唤"，是潜意识对理性自我的呼唤：有些问题需要面对了。

作为咨询师，我们需要在实践中灵活掌握。何时使用，何时放弃，这些都需要灵活地把握。

一、行为治疗的发展

（一）早期行为主义

1913年，华生在美国《心理学评论》杂志上发表论文《一个行为主义者所认为的心理学》，阐明了他的行为主义观点，这篇论文一般被认定为行为主义心理学正式诞生的宣言。1914年，他出版了《行为：比较心理学导论》一书。这本书是他根据1913年冬在哥伦比亚大学所做的八次讲演编纂而成的。在这部书内，他的行为主义心理学理论体系已初具规模。他的行为主义观点很快被年轻的心理学家们所接受。1915年华生当选为美国心理学会主席。1918年，华生开始对幼儿进行研究，这是以人类婴幼儿为被试对象的最早尝试。1919年，他的代表作《行为主义观点的心理学》出版。他在这部书内借鉴了巴甫洛夫的条件反射的概念，系统地阐述了他的行为主义心理学理论体系。1925年，他出版了《行为主义》一书，这部著作明显地阐明了他的极端环境论观点。

（二）新行为主义

20世纪30年代后，一些心理学家对早期行为主义无视有机体内部因素、把复杂问题简单化的极端观点感到不满，他们开始尝试对早期行为主义进行改造，这就是所谓的新行为主义。托尔曼提出目的行为主义理论；赫尔提出逻辑行为主义理论；斯金纳提出了操作性行为主义理论，即操作性条件反射理论。

（三）新的新行为主义

行为主义在美国乃至世界心理学界处于主导地位长达五十多年，同时也暴露出严重的缺陷和不足。许多心理学家开始放弃行为主义的立场，转而研究人的内部心理过程。此时认知心理学正迅速崛起，被早期行为主义拒绝的心理概念，如意识、表象、思维、记忆等，再次成为心理学合法的研究对象。在这种历史条件下，一部分新行为主义者试图在行为主义和认知心理学之间开辟一条折中的道路，由此新的新行为主义（new neo-behaviorism）诞生了。古斯里提出条件作用是人类一切行为的基础，而刺激与反应的接近则是条件作用发生的普遍原则。斯彭斯对赫尔的理论体系做出了修正和发展，提出了诱因动机理论（theory of incentive motivation），兼顾诱因动机和接近原理。托尔曼的追随者试图表述新托尔曼派的理论，综合了联结主义和认知理论，把联结主义纳入认知的轨道上去。

二、行为主义的优势

（一）促进客观研究

行为主义摒弃内省主义和心灵主义，承认外部刺激的客观存在，反对把心理封闭在主体之内，主张以客观行为作为心理学的对象，以严格的客观法代替主观的内省法。这就挣脱了主观心理学脱离实际的研究取向，在心理学走向客观研究的道路上立下了历史功绩，使心理学从主观唯心主义向客观唯物主义发展道路上迈进了一大步。

（二）丰富研究领域

行为主义加深了心理学的一些基础研究，使动物心理学、儿童心理学特别是在实验心理学和学习心理学上取得了重大成就。另一方面，由于行为主义主张研究行为，直接使对动物行为的研究处于合法地位。行为心理学家积极开展关于动物学习的实验研究，并试图用动物学习规律来说明人类心理规律。同时，行为主义还积极发展联结学习理论，把被动的古典条件作用学习发展到主动的操作条件作用学习的新阶段，并蕴含着认知学习理论的重要因素和胚胎形式。华生还把实验法引进儿童学习领域，促使人们对儿童情绪的发展和特定情绪的特定反应模式做了大量研究，丰富了儿童心理学的研究领域。行为主义的研究，在学习心理学上做出了很大贡献。

(三) 促进实际应用

行为主义注重心理学研究对象和方法的客观性、开放性和操作性，把预测和控制人的行为作为心理学的根本任务，因此就决定了行为心理学更加注重面向实际生活，重视心理效应和发展应用心理学。华生认为，行为主义的立场和环境决定论的观点，使某些心理学分支摆脱它的本源而日益兴盛起来，比如药物心理学、广告心理学、法律心理学、测量心理学和心理病理学等。行为认识论、行为实验分析以及应用行为分析，至今仍然是活跃的研究领域。在美国，行为主义思想不仅普遍应用于各种社会机构，还渗透到人文科学，如社会学、行为科学、政治科学甚至艺术领域。

三、行为主义的主要问题

(一) 生物主义

行为主义忽略了人与动物的本质差别，把人归结为动物，从而陷入了生物主义。首先，早期行为主义者把人和动物看作相同或相似的自然实体，忽视了人是社会历史的存在物。其次，行为主义者以动物为研究对象，并把人的心理动物学化或生物学化。

（二）客观主义

行为主义提倡用客观的严密方法研究行为，反对主观主义心理学，促使心理学走向客观化的研究道路，具有正面意义，但是却又走向另一个极端。行为主义贬低作为主体的人在心理和行为活动中的地位和作用，否认心理的内省法和主观性，把客观行为和方法视为心理学唯一的研究对象和方法。不可否认的是，心理支配行为，行为表现心理，二者有密切的联系，但同时，二者也有明显的区别。行为主义以行为等同或取代意识，实质上就是肯定客观、否定主观，必将陷入"无心理内容的心理学"的客观主义境地。

（三）机械主义

对人的心理和行为的研究存在着不同的层次水平，如有的从生理学层次进行研究，有的从改造世界的社会能动性层次进行研究，有的从力学层次进行研究，有的从适应环境的生物学层次进行研究。人的心理的复杂性就在于它不是单一的、低级的运动形态，而是社会的运动形态和生命的运动形态互相转化、互相关联、互相渗透的过程。行为主义抹杀行为不同层次的差别，把人描绘成一种消极被动的机械结构，陷入了机械主义的错误。

（四）还原主义

行为主义者力图将介于自然科学和社会科学之间的心理学还原为自然科学，将心理学还原为生理学和物理学。他们认为全部心理和行为都不外乎是由一些物理和化学变化引起另一些物理和化学变化，这样就抹杀了心理现象区别于自然现象的特殊本质，把心理现象归结为纯自然现象，陷入了还原主义。

四、著名的行为主义实验

（一）巴甫洛夫的狗

巴甫洛夫在研究狗的进食行为时发现，狗吃到食物时会分泌唾液。后来，每次给狗进食时打开红灯、响起铃声。一段时间后，狗只要看到红灯亮或者听到铃声就会分泌唾液，这是作为中性刺激的铃声与无条件刺激联结而成的条件刺激，由此引起的唾液分泌就是条件反射，后人称之为"经典性条件作用"。

（二）桑代克的猫

著名的迷笼实验：把饿猫关入笼中，笼外放一条鱼，饿猫急于冲出笼门去吃外面的鱼。猫第一次被放入迷笼时，拼命挣扎，或抓或咬，试图逃出迷笼。在这些努力和尝试中，它无意中踩到踏板，结果使门打开，多次实验后，饿猫的无效动作越来越少，最后一次入笼就会立即以一种正确的方式去触及机关，打开门。

桑代克把猫放进迷笼中不断地尝试、不断地排除错误，最终学会开门来取食的过程称为尝试错误学习，并提出学习的"尝试—错误"理论。

（三）斯金纳的小白鼠

在斯金纳箱中放进一只白鼠，并设一杠杆，箱子的构造尽可能排除一切外部刺激。动物在箱内可以自由活动，当它压杠杆时，就会有一团食物掉进箱子下方的盘中，小白鼠就能吃到食物。

实验发现，动物的学习行为是伴随一个起强化作用的刺激而发生的。斯金纳通过实验，进而提出操作性条件反射理论。

（四）班杜拉的小朋友

在早期的研究中，他们首先让儿童观察成年人对一个波波玩偶拳打脚踢,然后把儿童带到一个放有波波玩偶的实验室,让他们自由活动。结果发现,儿童在实验室里对波波玩偶也会拳打脚踢。这说明儿童通过观察成人的行为而习得新行为。通过实验,班杜拉提出了观察学习理论。

行为主义学习理论在学校教育实践上的应用,就是要求教师掌握塑造和矫正学生行为的方法。惩罚和鼓励,都是和需要的刺激目标相关。

五、行为主义的治疗方法

(一) 正性强化法

正性强化法又称差别强化法,用以提高正性行为的出现频率,降低负性行为的发生频率。正性行为一旦出现,便对之进行强化,这样便可提高未来正性行为的发生频率;同时,任何妨碍这种正性行为的负性行为都不会得到强化,因而在之后其发生的频率就会降低。整个差别强化的过程涉及两方面问题,即正性行为的强化和负性行为的终止。

正性强化法的步骤:

1. 明确治疗的靶目标:确定靶目标越具体越好,可以客观测量与分析,便于操作。

2. 监控靶行为:要对消极行为和积极行为进行明确的行为学定义,定义必须是客观而明确的具体描述。如"发脾气"这样的定义可能就不是很清楚,行为学定义应为"大哭并躺在地板上踢地板,或者使劲把物品摔向地板"等对具体行为的描述。这样便于不同的人在记录行为的频率和程度时有统一的标准。

3. 设计新的行为结果:设计新的结果取代以往不良行为产生的直接后果。

4. 实施强化:对积极行为进行即时、不断的强化。

变式：代币法、自我管理法、肯定训练。

（二）冲击疗法

暴露疗法是用来治疗恐惧及其他负性情绪反应的一类行为治疗方法，它通过细心地控制环境，引导求助者进入有利于问题解决的那些情境中，即把病人发生恐怖反应的某事物或某刺激在求助者面前再次呈现、猛烈刺激，从而使求助者对此事物或刺激的恐怖反应逐渐消退。

冲击疗法也称满灌疗法，或情绪冲击疗法，是暴露疗法之一。冲击疗法是鼓励求治者直接接触引起恐怖焦虑的情景，坚持到紧张感觉消失的一种快速行为治疗法。即由于持续暴露在刺激当中，使恐怖情绪高度紧张，过则满，满而溢，就使恐怖情绪很快消退了。

冲击疗法有两种：

现实冲击疗法：是指持续一段时间暴露在现实的恐惧刺激中而不采取任何缓解恐惧的行为，让恐惧自行降低。

想象冲击疗法：根据咨询师口头指示，让求助者想象可怕的情境，体验其恐惧情绪。

（三）脱敏疗法

1. 系统脱敏法

又称真实生活脱敏法，此疗法的主要特点是用造成恐惧反应的实际刺激物代替对它的想象；治疗者陪伴着病人通过一系列令病人感到恐惧的情景，直到达到原来最害怕的情景而不再紧张为止。这种方法比较适用于广场恐惧症和社交恐惧症病人。例如，对于一个害怕拥挤和同生人接触的恐惧症病人，可以让他在治疗者的陪同下于清晨外面人少时乘车到闹市区去。到达后先让病人在车内坐几分钟，如果不感焦虑，可鼓励他下车到商店门口走走……直到病人敢于进入拥挤的商店购物而无焦虑反应止。

2. 接触脱敏法

这种方法特别适用于特殊物体恐惧症，例如对蛇和蜘蛛的恐惧症。接触脱敏法也采用按焦虑层次进行的真实生活暴露方法，与其他脱敏方法的不同之处是多了两项技术——示范和接触。让病人首先观看治疗者或其他人处理引起病人恐惧的情境或东西，然后让病人一步一步地照着做。如果病人害怕的是一种东西，如蛤蟆，那就让病人观看过治疗者触摸、拿起和放下蛤蟆的示范后，先从事一些与接近、触摸蛤蟆有关的活动，而后逐渐接近蛤蟆、触摸它，直到敢于拿起它而无紧张感为止。

3. 自动化脱敏法

根据同病人一系列交谈的结果，治疗者将所识别出的病人的焦虑情境进行录音、录像，而后利用这些制备好了的录音、录像对病人进行治疗。

这种方法的突出优点是：（1）病人可以依自己的情况自己决定脱敏的速度和进度，这有助于减少脱敏治疗中的一些不良反应；（2）病人可以在家里独立使用，而不必花费治疗者太多的时间；（3）录音和录像中可加入治疗者的指导和有关的治愈范例，从而也可起到指导与示范作用。

第三章
认知疗法

引路人电影：《卡特教练》（导演：托马斯·卡特）

影片改编自高中篮球教练肯·卡特的真实故事，讲述的是在教练卡特的带领下，原本一支屡战屡败的篮球队脱胎换骨成为无敌的常胜将军的故事。

在我看来，这个故事中的卡特教练，与其说是一个教练，不如说是一位心理咨询师；他改变了这些"混混小子"内在对自我充满否定和错误的认知模式，引导孩子们把积极正面的认知模式挖掘了出来，铸就了每一个人全新的生命。可以说他是一个把"认知疗法"运用到巅峰水准的咨询师。

影片中，里士满高中篮球队原本从未在任何比赛中获胜过，是一支屡战屡败的队伍，这一切在卡特教练执教之后发生了变化。他确信这支表面上破铜烂铁的队伍，在他的带领下可以成为最优秀的篮球队。之后，他让队员和他签订一个协议，约定如果队员成绩不佳就不再继续参加任何比赛。在卡特的带领下，这支队伍中的每一个成员开始蜕变，最后成为无人能敌的王者之师。但是在1999年举行的全国锦标赛上，队员们的表现却十分不如人意，这让卡特教练沮丧不已，他真的关闭了训练馆，禁止队员继续参加任何比赛。此举引起了极大的反响，他一时成了大众议论的焦点，有人赞赏他视篮球为生命的品格，但更多的人对他的举动表示不解，甚至是批评。

全片中有一句台词是认知疗法的精髓："我们最深层的恐惧不是我们的无能，真正恐惧的是我们自己拥有力量。打击我们的是光明而不是黑暗。"

在漫长的心理咨询生涯中，我看到大量的来访者对自己充满了否定以及其他的错误模式，或者不自觉贴上了很多糟糕的标签。他们习惯了自我怀疑、自我否定，这样反而让他们更加不利，更加绝望。很多人一直在童年阴影的笼罩下，把被遗弃、被伤害等错误认知一直深深地压抑在心里，难以对自己有着肯定的定位。通过这部电影，我们可以更深入地了解"认知疗法"的运用。

美国很多城市的贫民区，成长环境是很糟糕的。枪击案、毒品走私经常发生，单亲家庭、私生子几乎是主流的家庭模式。这些孩子基本上不能在爱和安全中长大。在这支球队里，很多队友都是不稳定的：坐牢的坐牢，被枪杀的被枪杀；然后高中毕不了业或者勉强毕业后开始在社会底层挣扎，一些可能会去做毒贩，做地头蛇，过几年被抓进监狱，然后周而复始；好一些的做一点小生意或者做个小职员，时常依靠酒精、大麻来麻痹自己。他们中的绝大多数生活在社会的最底层。

剧中，卡特第一次以教练的身份出现在训练场时，孩子们甚至没一个正眼看他的，对他们来说，换个教练并不意味着什么，因为他们早已经习惯了自我否定和绝望。

所以教练用了完全不同的方法，不仅仅是篮球的训练：

教练和孩子们订下合约，要求孩子们成绩必须在2.3以上，不能缺课，每节课必须坐在前排，每场比赛前必须穿西服打领带，唯有这样才能参加训练和比赛。一开始孩子们根本没反应过来这是怎么回事，这和篮球有关系？家长、老师对此当然也是不能理解的，毕竟这是全美最差的学校，这些孩子又是学校里成绩最差的学生，他们怎么能考上大学呢？所有人的希望就是：多赢几场球。

但是卡特教练是认真的，因为他要做的，是对孩子们"内在的改变"，不仅仅是篮球，更是对自己的认知，和对自己未来命运的认知。他知道这帮小伙子首先是人，其次才是球员，要想去上大学，要想改变命运，就必须要改变认知。所以他一遍一遍地去找校长，找老师，去检查孩子们有没有去上课，考试成绩是多少。

经历过重重困难，孩子们的认知慢慢地改变；之后就是学业成绩和球队战绩的改变，之后就是人生的改变。

认知疗法（Cognitive therapy）于20世纪六七十年代在美国产生。它是根据人的认知过程影响其情绪和行为的理论假设，运用认知和行为技术来改变求治者的不良认知，从而矫正不良行为的心理治疗方法。认知疗法常采用认知重建、问题解决等技术进行心理辅导和治疗，其中认知重建最为关键。

在国内，江苏盐城的蒋洁老师，南通的金鑫老师，上海的陈香宇、黄秋原、徐雪蕾老师，在认知疗法的运用上独树一帜，有很好的效果。

一、认知疗法的实现步骤

（一）识别"自动"思维

由于引发心理障碍的思维方式是自动出现的，已经构成了来访者思维习惯的一部分，多数来访者不能意识到在出现不良情绪反应之前会存在着这些思想。因此在治疗过程中，咨询师首先要帮助来访者学会发现和识别这些自动化的思维过程。咨询师可以采用提问、自我演示或模仿等方法，找出导致不良情绪反应的思想。

（二）识别认知错误

所谓认知性错误就是来访者在概念和抽象上常犯的错误。这些错误相比于自动化思想更难识别，因此咨询师要听取并记录来访者的自动性思维，然后帮助来访者归纳出其一般规律。

（三）真实性检验

真实性检验就是将来访者的自动思维和错误观念作为一种假设，鼓励他在严格设计的行为模式或情境中对假设进行检验，使之认识到所持有的观念中不符合实际的地方，并自觉纠正，这是认知疗法的核心。

（四）去中心化

去中心化就是让来访者意识到自己并非被人注意的中心。很多来访者总感到自己是别人注意的中心，自己的一言一行都会受到他人的评价。为此，他常常感到自己是脆弱的、无力的。如果来访者认为自己的行为举止稍有改变就会引起周围人的注意，那么咨询师可以让他不像以前那样去和人交往，在行为举止上稍有改变，然后要求他记录别人不良反应的次数，结果他发现很少有人注意他言行的变化，他自然会认识到自己以往观念中不合理的成分。

（五）焦虑水平监控

多数来访者都认为他们的焦虑或抑郁情绪会一直不变地持续下去。实际上，这些情绪常常有一个开始、高峰和消退的过程，不会永远持续不变。让接受咨询的来访者体验这种情绪的涨落变化，并相信可以通过自我监控，掌握不良情绪的波动，从而增强改变的决心。

二、常用的认知疗法分类

(一) 情绪行为疗法

该理论是由美国临床心理学家阿尔伯特·艾利斯于20世纪60年代创立的一种心理治疗体系。他认为人有其固有本性，人的先天倾向中有积极的取向，也有消极的本性，换句话说，人有趋向于成长和自我实现这样的内在倾向，同时也具有非理性的、不利于生存发展的生活态度倾向。而且艾利斯更强调后一种倾向，他认为正是这种非理性的生活态度，导致心理失调。

艾利斯将人类常见的非理性信念归纳为以下几种：

① 倾向于自我贬低。
② 倾向于对他人的过分要求。
③ 倾向于过度概括化，以偏概全。
④ 倾向于要求尽善尽美，认为不是完美的就是无用的。
⑤ 倾向于过分关注自身机体的变化。
⑥ 倾向于追求绝对化，肯定化，不能忍受不确定性。
⑦ 倾向于易受暗示影响。
⑧ 倾向于自暴自弃。
⑨ 倾向于夸大负性事件的危害性。
⑩ 倾向于进行畸形的思维（如强迫思维）。

艾利斯认为人的情绪来自人对所遭遇的事情的信念、解释、评价或哲学观点，而非来自事情本身。认知制约着情绪和行为，认知是人心理活动的"牛鼻子"，把认知这个"牛鼻子"拉正了，情绪和行为的困扰就会在很大程度上得到改善。

艾利斯将以上观点概括为ABC理论，A代表诱发事件（Activating events），B代表信念（Beliefs），是指人对A的信念、认知、评价或看法，

C 代表结果，即症状（Consequences），艾利斯认为并非诱发事件 A 直接引起症状 C，A 与 C 之间还有中介因素在起作用，这个中介因素是人对 A 的信念、认知、评价或看法，即信念 B。艾利斯认为人极少能够纯粹客观地知觉经验 A，总是带着或根据大量的已有意愿、期待、动机、价值观、信念、欲求、偏好等来经验 A。因此，对 A 的经验总是主观的、因人而异的，同样的 A 在不同的人身上会引起不同的 C，主要是因为他们的信念有所不同，即 B 不同。换而言之，事件本身的刺激情境并不是引起情绪反应的直接原因。个人对刺激情境的认知、解释和评价才是引起情绪反应的直接原因。

在 ABC 理论中，D 代表治疗（Disputing），通过 D 来影响 B，认识偏差纠正了，情绪和行为困扰就会在很大程度上减轻，甚至解除，最后达到 E 效果（Effects），负性情绪得到纠正。

（二）贝克和雷米疗法

认知疗法的理论基础是阿伦·贝克提出的情绪障碍认知理论。他认为，心理问题"不一定都是由神秘的、不可抗拒的力量所产生，相反，它可以从平常的事件中产生，例如错误的学习，依据不正确或片面的信息作出错误的推论，以及像不能妥善地区分现实与理想之间的差别，等等"。他提出，每个人的情感和行为在很大程度上是由其自身认识世界、处世的方式或方法决定的，换而言之，一个人的思想决定了他内心体验和反应。

认知理论的出发点在于确认思想和信念是情绪状态和行为表现的原因。贝克论证说，抑郁症病人往往由于作出逻辑判断上的错误因而变成抑郁、歪曲事情的含义而自我谴责；一件在通常情况下很小的事情（如溅出饮料）会被他看成生活已完全绝望的表现。因此抑郁症病人总是对自己作出不合逻辑的推论，用自我贬低和自我责备的思想去解释所有的事件。

认知治疗是根据认知过程影响情感和行为的理论假设，通过认知和行为技术来改变病人不良认知的一类心理治疗方法的总称。所谓认知一般是指认知活动或认知过程，包括信念和信念体系、思维和想象。认知过程一般由三部分组成：（1）接受和评价信息的过程；（2）产生应付和处理问题方法的过程；（3）预测和估计结果的过程。

认知治疗高度重视研究病人的不良认知和思维方式，并且把自我挫败行为看成病人不良认知的结果。所谓不良认知，指不合理的、歪曲的认知。消极的信念或思想，往往导致情绪障碍和非适应行为。治疗的目的就在于矫正这些不合理的认知，从而使病人的情感和行为得到相应的改变。认知疗法更重视改变病人的认知方式和认知—情感—行为三者的和谐。同样，认知治疗重视的不是潜意识而是意识中的事件；而传统的内省疗法则重视既往经历特别是童年经历对目前问题的影响，重视潜意识而忽略意识中的事件。

认知治疗的理论和范围正在不断地补充和扩大，应运而生的有动力认知治疗和认知行为治疗。前者是由威纳倡导和发展的，他认为认知过程的发展（即感知、记忆、推理、评价、解决问题以及学习的方式）不可能脱离个体的成长发育和人际交往，只有不脱离，我们才有了发泄和控制冲动、自尊和认同，以及与他人的接触交往。曾有外伤以及未接受良好教育的儿童往往会有部分或全面的认知缺陷，动力认知治疗就在于用恰当的认知结构来替代有缺陷的认知结构。后者是由马尔奈及阿恩科夫在前人工作的基础上系统阐述和发展起来的，其基本假设是适应不良性行为是由心理因素、环境因素和生物因素相互影响产生的，治疗的方法就在于综合应用认知技术和行为技术来矫正不良行为。

（三）经常出现的"认知问题"

1. 任意推断

即在证据缺乏或不充分时便草率地作出结论，如"我是无用的，因为我去买东西时商店已经关门了"。

2. 极端的思维

即要么全对，要么全错，病人往往把生活看成非黑即白的单色世界，没有中间色。如没有被聘为电视播音员，从而就产生"我感到非常沮丧，因为没有什么地方再会聘用我了；我现在连整理房间的能力也没有了，我成为一个无用的人了"。

3. 过度引申

或称过度泛化，是指在单一事件的基础上作出关于能力、操作或价值的普遍性结论，也就是说从一个琐细事件出发引申作出的结论。如"因为我不明白这个问题，所以我是一个愚蠢的人"，或"因为打碎了一只碗，所以我不是一个好母亲"。

4. 选择性概括

仅依据个别细节而不考虑其他情况便对整个事件作出结论，这是一种瞎子摸象式的、以偏概全的认知方式。如"单位中有许多不学无术的人在工作，这是我做领导的过错"。

5. 夸大或缩小

对客观事件的意义作出歪曲的评价，如"因为偶然地开玩笑，并无恶意地撒了一次谎，于是认为完全丧失了诚意"。

一般认为，抑郁病人的思维内容是以失落感为特征的，对前途丧失信心，对工作丧失兴趣，并有生理功能（如食欲、性功能等）的丧失。病人往往以"负性认知倾向"为其认知特征，"他们往往把自己看成被剥夺了的、失败的或者是有缺陷的人；他们周围的世界充满了荆棘和艰难，几乎没有一丝成功的喜悦；他们的前途没有一点自我满足的希望，只有痛苦和挫折"。这些观念就是我们所说的抑郁认知三联征。病人往往在认知范围的大小、内容和本质上都有歪曲，形成的看法往往是消极和固执的。已经有许多实验研究证实并支持认知理论的一些主要论点，如已经证实情绪抑郁和非抑郁病人之间在下列几方面存在差异：对前途的期望、梦的内容、对想象情境的解释、认知功能的问卷调查评分（如自主思维问卷 ATQ）。认知指导技术已经显示对抑郁心境以及消极思维等有心理矫正作用。

贝克的病理心理学认知模式已经广泛用于对焦虑障碍、偏执状态、恐怖障碍、药物滥用、神经性厌食和性功能障碍的理论分析，所有这些分析都是根据贝克的这一理论假设：在信息形成过程中产生的谬误和曲解导致了情绪障碍的发生。

大卫·伯恩斯是美国发展认知行为疗法的先锋。以下是他引导来访者自我暗示具有疗愈作用的话：

1. "我害怕犯错，因为我是用一种绝对的、完美主义的态度来看待事情的——一旦犯错全盘皆毁"，这种看法是错误的。一个小错当然不可能毁坏整体的完美。

2. 犯错误是好的，因为这样的话我们就可以学习了——事实上，如果我们不犯错的话，我们就无法学习。谁也不能避免犯错——而且由于错误经常发生，所以我们要接受它，并要从其中学习。

3. 认识我们的错误有助于我们调整我们的行为，这样我们就可以得到我们更满意的结果——所以我们说错误最终使我们更加快乐，让事情变得更加漂亮。

4. 如果我们害怕犯错，我们就会麻痹——我们害怕做事情，害怕尝试事情，因为我们或许（事实上很可能）会犯错。如果我们限制我们的行动以避免犯错，那我们事实上是击败了我们自己。我们越是努力，就越是会犯错，那我们就会学得更快，最终也就会更快乐。

5. 大部分人不会因为我们犯错而发疯或不喜欢我们——他们也出错，大部分人都不喜欢"完美"的人。

6. 如果我们犯错了，我们不会死掉。

第四章
人本主义

引路人电影：《心灵捕手》（导演：格斯·范·桑特）

主人公是一个有人格障碍的小刺猬孩子。

威尔非常顽劣，电影一开始就展示他的人格障碍：偶遇很多年前的有小过节的老同学，不由分说地就上去揍人家。他的小伙伴也很够意思地一起上，一下子就引发了一场群殴。

之后很欣赏他的老师兰博为他先后找了两个心理医生，而这个孩子完全不配合。

第一个应该是认知流派的心理咨询师，他标准地运用着共情、澄清、积极关注等咨询技术；结果被威尔攻击了。咨询完全失败。

第二个是运用了催眠技术，他应该是精神分析学派的。但极强的心理防御让威尔不仅没有进入催眠意象，反而很警惕地出来了。又一次失败的咨询。

为什么威尔会这么顽劣呢？我们看看他的成长过程就很好理解了：第一，他是从小被父母遗弃的。第二，他在寄养家庭中长大，而且换了好几个寄养家庭，还有被继父殴打的惨痛经历。

这种"被抛弃"的经历，会产生两种应对模式，一种是不断地寻找安全和依赖；另一种是极度地阻抗，不敢相信、不敢接纳他人对他的好。

之后，兰博教授把他的老同学尚恩请出来了，这位就是人本主义流派的心理咨询师。我们简单回顾一下他的操作，很不规范但是很人本的操作。

一开始,威尔习惯性"攻击"心理咨询师,就像前两个一样。他很聪明,利用"投射"理论,肆无忌惮地借助评价他的画而挑衅和攻击尚恩和他的婚姻。尚恩立刻暴怒,直接用一招"锁喉"想要掐死威尔。(尚恩的妻子早逝,这伤口当然不能被触及。只是一般的心理咨询师在此处会刻意克制住自己,但是尚恩没有。这体现了人本主义流派的第一个特质:真诚面对,少些套路)

第二次咨询,甚至没有在心理咨询室中完成;是在一个风景优美的湖边,而且尚恩的谈话内容,甚至没怎么去关心威尔,而是述说着自己心中的苦闷。(这是一种技术,叫"共情",不知不觉中,引发了威尔内在对伤痛的共鸣)

第三次就"更不规范"了。两人回到了尚恩的办公室,可是整个咨询中,他俩就没说一句话!尚恩或许在等着威尔说话,等着他打开心扉,因为他知道威尔这种防御性极强的孩子,如果不是他自己主动说,谁也逼迫不了他。

而威尔从防御到打开心扉,是需要时间的,或者说,是需要做好心理建设的。

于是整个咨询的时间里,两人都没有说一句话。

第四次,此时威尔的防御已经慢慢地放下。毕竟年轻的威尔,生本能肯定强于死本能。这只是时间问题。威尔一开始讲了个笑话,尚恩也说了他以往和妻子之间的一个"尬事",以及丧妻之后的创伤。此时两个人的心扉都打开了,我甚至一度恍惚觉得是威尔在给尚恩做咨询。

这次就开始深入了,尚恩聊着自己的过去,同时引导威尔也面对自己的过去,用一个成人,或者说当下的视角,来分析来感受过去。(这一段其实是"空椅子"技术的变形)

这次是最"流程错误"的一次,但错误的只是流程,正确的是效果:

尚恩把威尔赶出了咨询室！分析来看，是二人此时建立了类父子关系的、信任度很高的关系；而威尔此时出现了"退行"的现象，就是需要勇敢面对时，却"怂"了。尚恩其实是在用"赶走"这种带有力量的行为，引导威尔做一个模仿。（男孩子可以像父亲一样充满力量）

这次流程上又离谱了。咨询还没开始时，兰博和尚恩为了威尔的未来，发生了激烈的争吵。他们观点不同，但同样都对威尔充满了深深的爱。门外的威尔在意识层面看到的是冲突，潜意识层面吸收到的却是爱。

在这份爱中，他勇敢地面对了自己的过去，他哭了，他确信他值得被爱，在爱与接纳中开始疗愈自己。

继续疗愈，伤口慢慢缝合。威尔新的生命开始塑造。

人本主义于20世纪50年代在美国兴起，60年代开始形成，70—80年代迅速发展。它既反对行为主义把人等同于动物，只研究人的行为，不理解人的内在本性，同时又批评弗洛伊德只研究神经症和精神病人，不考察正常人心理，故被称为心理学的第三种运动。

人本学派强调人的价值、尊严、创造力和自我实现，把人的本性的自我实现归结为潜能的发挥。潜能是一种类似本能的性质。人本主义最大的贡献是看到了人的心理与人的本质的一致性，主张心理学研究人的心理必须从人的本性出发。

该学派的主要代表人物是马斯洛（1908—1970）和罗杰斯（1902—1987）。马斯洛的主要观点包括：对人类的基本需要进行了研究和分类，与动物的本能加以区别，提出人的需要是分层次发展的；他按照追求目标和满足对象的不同把人的各种需要从低到高安排在一个层次序列的系统中，最低级的需要是生理的需要，这是人所感到要优先满足的需要。罗杰斯的主要观点包括：在心理治疗实践和心理学理论研究中发展出人格的

"自我理论"，并倡导了"患者中心疗法"的心理治疗方法。人类有一种天生的"自我实现"的动机，即一个人发展、扩充和成熟的趋力，它是一个人最大限度地实现自身各种潜能的趋向。

在国内，上海的郭娟、赵昆伦、王子芳、藤京等老师，在人本主义治疗上有着很丰富的经验。

一、马斯洛的需求层次理论

（一）需要层次

按马斯洛的理论，内在力量是个体成长发展的动机。动机是由多种不同性质的需要所组成的，各种需要之间，有先后顺序与高低层次之分；每一层次的需要与满足，将决定个体人格发展的境界或程度。

1. 生理需要（physiological need）

生存所必需的基本生理需要，如对食物、水、睡眠和性的需要。

2. 安全需要（safety need）

包括一个安全和可预测的环境，它相对地可以免除生理和心理的焦虑。

3. 爱与归属的需要（love and belongingness need）

包括被别人关注、接纳、鼓励、爱护、支持等，如结交朋友、追求爱情、参加团体等。

4. 尊重需要（esteem need）

包括尊重别人和自我尊重两个方面。

5. 认知的需要

6. 审美的需要

7. 自我实现需要（self-actualization need）

包括实现自身潜能。

在心理学上，需要层次论是解释人格的重要理论，也是解释动机的重要理论。

（二）自我实现

自我实现是马斯洛人格理论的核心。他认为可以将其定义为"不断实现潜能、智能和天资"，定义为"完成天职或称之为天数、命运或禀性"，定义为"更充分地认识、承认了人的内在天性"，定义为"在个人内部不断趋向统一、整合或协同动作的过程"。也就是说，个体之所以存在，之所以有生命意义，就是为了自我实现。马斯洛对自己的学生进行抽样调查，并对历史上和当时仍然健在的著名人物，如斯宾诺莎、贝多芬、歌德、爱因斯坦、林肯、杰弗逊、罗斯福等人进行个案研究，概括出了自我实现的人所共同具有的人格特征。

1. 对现实更有效的洞察力和更适宜的关系
2. 民主的性格结构
3. 行为的自然流露
4. 社会感情
5. 超然的独立性：离群独居的需要
6. 自主性：对文化与环境的独立性；意志；积极的行动者
7. 体验的时时常新
8. 创造力
9. 自我实现者的人际关系
10. 以问题为中心
11. 区分手段与目的、善与恶
12. 富有哲理的、善意的幽默感
13. 对自我、他人和自然的接受
14. 对文化适应的对抗

马斯洛语录

1. 当人的基本需要得到满足之后，就会产生被尊重的需要、被爱的需要。

2. 对任何事物都需要极大的爱才能够听其自然，让它保持原样，任其随意发展。

3. 如果你有意地避重就轻，去做比你尽力所能做到的更小的事情，那么，我警告你，在你今后的日子里，你将是很不幸的。因为你总是要逃避那些和你能力相联系的各种机会和可能性。

4. 心若改变，你的态度跟着改变；态度改变，你的习惯跟着改变；习惯改变，你的性格跟着改变；性格改变，你的人生跟着改变。

5. 对于只有一把锤子的人来说，他遇见的每样东西看起来都像一颗钉子。

6. 人类区别于动物的一个重要方面就是他有自制力。

7. 我们不光会热爱自己最好的机会，同时也会对这些机会感到恐惧。

8. 在拿不准时，要诚实。

9. 当儿童感到不安全的时候，当他在安全需要、爱的需要、归属需要和自尊需要方面受到根本阻碍和威胁的时候，他就会更多地表现出自私、仇恨、进攻性和破坏性来。

10. 高级需要的满足能引起更合意的主观效果，即更深刻的幸福感、宁静感以及内心生活的丰富感。

11. 为了避免对人性失望，我们必须首先放弃对人性的幻想。

12. 一个爱的需要在其生命早期得到满足的成年人，在安全、归属以及爱的满足方面，比一般人更加独立。正是那些坚强、健康、自主的人最能经受住爱和声望的损失。

二、罗杰斯的理论

卡尔·罗杰斯（Carl Ransom Rogers，1902—1987），美国心理学家，人本主义心理学的主要代表人物之一。他从事心理咨询和治疗的实践与研究，主张"以当事人为中心"的心理治疗方法，首创非指导性治疗（案主中心治疗），强调人具备自我调整以恢复心理健康的能力。

罗杰斯1947年当选为美国心理学会主席，1956年获美国心理学会颁发的杰出科学贡献奖。

人格的自我理论

罗杰斯认为，个体是完整的有机体的存在，是一切体验的发源，且在自我实现倾向的驱使下成长与发展，其结果就是"自我""自我概念"的发展、扩充及实现。

自我包括个体对自身机体的整个知觉、体验到的其他所有知觉，体验到的这些知觉与所处环境中与其他知觉以及整个外部世界发生关系的方式，就是个体对个人的特性、人际关系及其价值规范的知觉。

人格由"经验"和"自我概念"构成，当自我概念与知觉的、内藏的经验呈现协调一致的状态时，他便是真实而适应的整合的人，反之他就会体验或经历到人格的不协调状态。

自我概念有两种：一种是真实的自我，是较符合现实的自我形象；另一种是理想的自我，是一个人期望实现的自我形象。

自我概念是在个体与环境相互作用的过程中形成的。儿童出生以后，随着身心的成长，由最初的主客不分、物我不分，到逐渐把自我与环境区分开来，并在语言的帮助下进一步分清了主我和客我。

罗杰斯用"无条件积极关注"来解释自我发展的机制。所谓无条件积极关注是一种没有价值条件的积极关注体验。即使自我行为不够理想时，他觉得自己仍受到父母或他人真正的尊重、理解和关怀。

在自我发展的过程中，最必须的是"在婴幼儿时期得到无条件的积极关注"。当母亲给予婴幼儿以慈爱和热爱以及注意他们如何行为时，这种满足也就实现了。在一切情况下，他们都感觉到自己的价值，在自我和现实知觉之间便完全一致。于是在成长的过程中，可以无拘束地发展一切潜能，达到最终指向的目标，成为一个健全人格的人。

所以，在心理咨询师的临床操作中，"心理咨询师对来访者的态度也应该是无条件的积极关注"，这样才有利于来访者克服障碍，解决存在的问题。

"人格健康"的特征包括：（1）开放和包容。对未来和环境是开放态度，个体毫无拘束地体验所有的情感和经验，他们不封闭自我。（2）活在当下。对生活有着体验感，生活于存在的每一瞬间。（3）自信。考虑问题是全面的，并且能对行动的过程迅速做出决定。（4）自由。追求"意志自由"，他们的决定都是出自个人的意愿，而不是受外部的强制或内部的压抑。（5）高度创造力。这种人富有创造和创新能力，而不是遵循或者消极适应社会和文化传统。

罗杰斯语录

1. 在最理想的状态下，生活是一个流动变化的过程，其中没有什么是固定不变的。

2. 当我愿意接纳这些负面的感受，如同接纳温情、兴趣、宽厚、友好等感受一样时，我与他人的关系才会变得真实自然，才能不断成长，才能流畅地变化。

3. 接近真实永远不会是一个有害的、危险的、令人不高兴的事情。

4. 当我与那些陷入痛苦的来访者一起工作时，我进入并努力去理解他们的稀奇古怪的世界，去理解并认识那种感到生活过于悲惨而无法忍受的态度，理解那种感觉自己卑微无用——每一种理解都以某种方式丰富了我自己。

5. 我的体验中有一个悖论式的层面，即在复杂的现实生活中，我越是单纯地希望成为我自己，越是希望能够理解和接纳我自己以及他人的内在真实，也就越有可能激发较多的变化——如果我们每个人都愿意做真实的自己，与这个愿望的程度相等，他会发现不仅仅是他自己在变化，而且与他有关系的人也会发生变化。

6. 接纳当事人，把他的感受、态度和信念作为他真实而至关重要的一部分如实接纳下来，才是在协助他变成一个人。从某种意义上来说，每个人自己都是一个海岛，只有他首先乐意成为自己并得到容许成为他自己，他才能够同其他的海岛搭起桥梁。

7. 只要某项活动感觉好像是值得去做，那么它就是值得去做的。换句话说，我体会到，我对某种情境的总体上的机体感觉比我的理智更加值得信赖。

8. 我们每个人最个人化的、独一无二的东西如果得到分享或表达，就可能深入他人的内心世界。

三、人本主义心理学的主要贡献

（一）把人的本性与价值提到心理学研究对象的首位

人本主义心理学把心理学看作是一门重要的人学，它在使心理学走上研究人或人性的科学道路上做出了历史性的贡献。布根塔尔指出：人本主义心理学是西方心理学史上的"一场重大的突破"，也是"人关于自身知识的一个新纪元"。它在人类状况方面会发生的变化，将同我们在过去那个世纪已看到的物理学方面的变化同样深刻。

传统心理学主要沿着冯特所开辟的关于意识元素分析心理学自然基本研究的下行路线发展，而人本主义心理学则径直探讨意识经验和社会生活的关系，打开了心理学研究向上或向社会方面发展的通道，再次从主体内部出发扩大了心理学研究的领域，丰富了关于人类精神生活研究的内涵，如人的价值、生活意义、意识状态转换、超越自我、自我实现、高峰体验、宇宙觉知、人类协同、生死体认，等等。《纽约时报》曾评论说："'第三思潮'是人类了解自身过程中的又一块里程碑。"

（二）突出人的动机系统与高级需要的重要作用

人本主义心理学批判了传统心理学把人兽性化、非人格化和无个性化的倾向，阐明了动机的巨大作用和层次理论，突出了人的高级需要所具有的更大的价值。

（三）提出实验客观范式与经验主观范式统合的新构想

人本主义心理学批判了传统心理学中的方法论的僵化、二歧式思维和实验主义，提出将实验—客观范式（experimental-objective paradigm）和经验—主观范式（esperimental-subjective paradigm）统合起来的新构想，突出了开放研究、整体分析和多学科式跨学科研究方法的重要意义。

人本主义心理学坚持根据心理学对象决定心理学方法的原则，反对以方法为中心而主张以问题为中心，这既是对行为主义以方法为准则选择研究对象的一种反抗，又是对各种各样方法中心主义的一种批判。不仅如此，人本主义心理学家还抨击了自冯特开始主流心理学长期依据牛顿—笛卡尔范式仿效自然科学来建构其理论模式，其结果导致心理学陷入机械论、还原论、元素主义和简单化的境地。

人本主义心理学在方法论上的积极意义在于：(1) 反对心理学研究中的自然主义和客观主义，主张突出人的主体和主观的作用，实现实验（或客观）和经验（或主观）两种范式的统一。(2) 反对心理学中僵死的方法论和实验主义，主张对研究方法采取开放、兼容和综合的态度。(3) 反对心理学研究中的元素主义，强调整体分析的方法论的意义。

（四）促进以人为本的组织管理与教育改革以及心理治疗的发展

人本主义心理学提出以人为中心的理论、受辅者中心疗法、动机层次理论，对强化组织管理、教育改革和心理治疗均有重要的应用价值。

（五）推动哲学世界观的积极变革

17世纪发生在西欧的科学革命对近代世界观起了一种定型的作用。它留给人们的是一种科学主义、理性主义的世界观。科学、工具理性被赋予了至高无上的地位。"主客二分"和还原论的思维定式是这种世界观的基本特征。它把主观与客观、决定论与选择论、理性与价值、合规律性与合目的性、科学主义与人文主义绝对对立起来，片面强调其中的一个方面。其总体特征是：重知觉轻直觉、重事实轻价值、重客观轻主观、重契约轻习俗与传统、重物质轻精神。这种世界观成了占支配地位的意识形态，并获得了宗教的意义。这种机械论的世界观决定了各门学科的性质和发展。不仅是物理学，而且生物学、心理学等学科都会受到这种世界观的支配。

人本主义思想的局限性主要体现为：

1. 整体理论体系不够严谨，缺乏对基本观点的明确目标和充分论证，一些概念也描述得很模糊。

2. 人格问题研究方法有其积极意义，但作为一种方法论体系存在一些不可忽视的缺陷。排除整体分析和经验描述，单纯以自然科学的实验和分析方法不足以说明人的精神生活相互联系和因果关系。

3. 过分强调自我实现和自我选择，认为这是一种与生俱来的自然倾向，忽视社会环境和后天教育对人成长的影响和制约。

尽管人本主义心理学有其不足之处，但它探讨了人的本性和价值，试图提供心理学的证明，不仅扩大了心理学的领域，丰富了人的精神生活的研究，并且加强了实证科学和规范科学的联系，也促进了心理学向高级发展。

马斯洛的人本主义心理学为我们切入了理解人性、改善人生的视角，它研究的问题与社会生活紧密相连，提出引人深思的社会问题，虽然不够尽善尽美，但这是积极的，对社会的个体非常有帮助。

第五章
其他主要的心理学流派

一、构造主义心理学

冯特于 1879 年在德国莱比锡大学建立了世界上第一个心理实验室,用自然科学的方法研究各种最基本的心理现象,使心理学从哲学中脱离出来,成为一门独立的科学。它标志着科学心理学的诞生,冯特因此被称为心理学的始祖。

冯特考虑到化学把物质分解成各种元素,那么心理学同样也可以通过实验方法分解出心理的基本元素。根据这一思路,冯特用实验的方法来分析人的心理结构,冯特的心理学因此被称为"构造主义心理学(Structuralism)"。

构造主义心理学主要研究的是意识的结构,认为意识的内容可以分解为基本的要素,把心理分解成这样一些基本元素后,再逐一找出它们之间的关系和规律,就可以达到理解心理实质的目的。

这一学派强调内省方法,认为了解人们的直接经验,要靠被试者自己对经验的观察和描述,也就是内省。

二、机能主义心理学

机能主义心理学(Functionalism)的创始人是美国著名心理学家詹姆

斯（William James，1842—1910），其他代表人物还有杜威（John Deway，1859—1962）等。

构造主义心理学主张研究意识的结构，机能主义心理学强调研究意识的功能。

詹姆斯认为意识是像水流一样的，他称其为"意识流"。詹姆斯认为心理学的研究工作不应局限在实验室内，还要考虑人是如何调整行为以适应环境不断提出的要求的。为此，后来他的一些追随者们走向了儿童发展、心理测量、教育实践的有效性等各种应用心理学方面的研究。

三、格式塔心理学

格式塔心理学（Gestalt psychology），也叫作"完形心理学"。格式塔心理学的创始人有韦特海默（Max Wertheimer，1880—1943）、考夫卡（Kurt Koffka，1886—1941）、柯勒（Wolfgang Kohler，1887—1967）等，研究内容主要是意识体验。这一学派主要活跃于1912年到20世纪40年代，著名论点是："整体大于部分之和。"

格式塔心理学明确指出：构造主义把心理活动分割成一个个独立的元素进行研究并不合理，因为人对事物的认识具有整体性，意识、心理不等于感觉元素的机械总和。格式塔心理学着重在知觉的层次上研究人如何认识事物。作为一种学派，它重视心理学实验，研究结果在当时很有影响，尤其是有关知觉的一些实验结果，称为格式塔知觉规律，至今在心理学中占有重要地位。

第二部分　心理咨询方法

在融合四大流派的基础之上，此部分选取了意象对话技术、现代催眠技术、海灵格家庭排列、原型叙事疗法等几种常用的现代咨询技术，将晦涩难懂的学术用语，用简易通俗的语言表达出来；将看似触不可及的心理咨询技术落地生根，实现心理学简单化、全民化、可操作化，更好地服务需要我们帮助的人群。

第一章
潜意识及其呈现方式

潜意识，是做心理咨询工作最重要的一个概念。不同的咨询师从不同角度有着不同的分析。我们引入两位不同风格、不同年代的大师的解析：我们先来看复旦大学鞠强教授以生动活泼的语言进行的深入浅出的分析；在此基础上，再来理解古典的弗洛伊德的潜意识理论。

一、鞠强教授的现代解析

（一）潜意识的相关性质

1. 所谓潜意识就是影响人的心理、情绪、行为而自己不知道的意识。比如，一见钟情就是潜意识早就喜欢对方的形象或者气味，比如对方有局部形象或者气味像你早年的邻居大哥哥大姐姐，或者像你的父亲母亲、老师等。

2. 潜意识主管人的情绪、性格、习惯性行为、心跳、呼吸、直觉。

比如，失恋痛苦是情绪问题，所以是由潜意识管理的。你对失恋者进行思想教育常常没有用，因为思想教育是在意识层面沟通而不是在潜意识层面沟通。

3. 人的痛苦来源：当潜意识与意识冲突，潜意识的创伤或观念不为意识所接纳，就形成了痛苦。

4. 潜意识的功能包含：控制基本生理功能，如心跳、呼吸、记忆、情绪反应、习惯性行为、创造梦境。临床催眠学认为，潜意识有六大功能：

本能、记忆、习惯、情绪、能量、想象力。

5. 你走路是先迈左脚还是先迈右脚，这本不属于意识控制范围，因为你没感觉，但事实上受潜意识控制，因为属于本能反应。

6. 潜意识受习惯指挥。

7. 催眠状态就像梦游一样，意识关掉，但潜意识没有关掉。比如有人梦游三更半夜出去，见到人也会打招呼，过马路自己也会过。睡觉起来后忘记了，因为意识打开了，潜意识关掉了，朋友问他昨天三更半夜出去干吗，他说没有啊。这就是梦游状态。

8. 改变潜意识的常用方法：

（1）听、说、写、看、做重复信息输入。

（2）通过专家进行催眠。

（补充：还有意象呈现、原型叙事、绘画治疗等）

（二）潜意识的六大特征

1. 潜意识能量巨大。潜能大师博恩·崔西说，人的潜能是我们现实能量的 3 万倍以上。

2. 不识真假，直来直去。你的潜意识不会辨别你的想法是好是坏，是正确的还是不正确的，但它会根据你的想法或者暗示的信息，一律遵照执行。如果你给予它错误的提示，它也会当作正确的并展开行动，使它们变成现实。

3. 记忆差，需强烈刺激或重复刺激。强烈刺激会带来刻骨铭心的感受，容易在潜意识中留下深刻的印象。重复一个信息目的在于形成习惯，而习惯就是潜意识中最常见的表现形式之一。

4. 易受图像刺激。潜意识分不清是亲自经历的景象，还是自我想象产生的图像。反复地输入，潜意识就会自动带你走向目标。目标视觉化与成功预演等心理技术即依据这一特征而产生。

5. 最喜欢带感情色彩的信息。在我们的潜意识中，情绪对我们的影响最深。潜意识最容易吸收带有感情色彩的信息。情绪的波动起伏得越大，就越容易被接受、吸收、贮藏。

6. 放松时，信息最容易进入潜意识。脑科学研究发现：潜意识在 α 波状态最容易吸收外界的信息。放松是将大脑迅速调整到 α 波状态的有效方法。比如在自我确认语言信息前的放松过程，是结合放松音乐给大脑输入各种令人放松的信号。在聆听心灵财富 CD（录音带）时，首先要求身心放松，有利于脑波进入 α 波状态，便于信息与潜意识进行沟通。

（三）潜意识的形成

1. 天生带来的潜意识。

比如尾部圆形丰满小汽车在男性中畅销是因为它比较像女性臀部。

又比如人们喜欢熊猫是因为两个黑大眼眶像孩子（其实熊猫本身眼睛不大，而是眼睛边上的毛是黑的），你注意观察会发现，孩子眼睛普遍偏大。把熊猫大眼眶涂白它就不可爱了。

2. 反复信息暗示或明示输入潜意识，尤其青少年时期是形成潜意识的重要时期。

比如，总体而言女孩比男孩疑心病大，是因为小时候她们受到更多的防范教育。

3. 创伤在潜意识中的沉淀。

比如女孩的父亲出轨、父母离婚，女孩长大后容易怀疑丈夫。又比如离婚单亲男孩和母亲生活，潜意识有男人缺乏感，长大易成双性恋（20%左右）。再如单亲子女易早恋的原因是家里缺了一个人，有爱的缺乏感。

4. 意识中的某些东西和社会暗示相矛盾。

比如，破坏欲比较强就与社会暗示相矛盾。社会暗示认为破坏欲不好，于是破坏欲就移进潜意识，矛盾消除了，个体也就舒服了。特别喜欢玩保龄球的人往往破坏欲很强，把那整整齐齐的瓶子砸倒会感觉很爽，很有成就感。但破坏欲藏在潜意识里，个体意识会认为玩保龄球只是为了锻炼身体、娱乐或者其他社会暗示认可的东西。

特别要说明的是，潜意识决定人的主要行为，潜意识决定了人的性格或者人格特征，决定了个体的总体心理反应模式，比如内向还是外向、乐观还是悲观、胆大还是胆小、思考者还是行动者都是由潜意识决定的。潜意识决定性质，意识只是增减数量。

比如，为什么中国单亲家庭子女长大后喜欢指责别人的比较多？

因为中国的离婚文化是不成爱人就成仇人，离婚者互相之间频繁过度指责，子女受到大量重复暗示，长大后喜欢指责人，心理学称之为"归因朝外"。美国这种现象比较少，因为美国的离婚文化是不成爱人还可以成为朋友。

又比如说，我们平时在说"我觉得"三个字时就是在说意识而不是潜意识，因为潜意识是实际影响你但你不知道的。

(四) 潜意识的两大特点

1. 接收：不会说"不"。

例如不要想大白虎，"你现在不要想一只老虎，你不要想一只白色的老虎，你不要想一只躺在大树下的白色的老虎，你不要想一只躺在大树下的白色老虎突然睁开眼睛朝着你扑了过来……"

2. 表达：有坚决的运行机制，不在理性控制范围之内。

二、弗洛伊德的经典解析

弗洛伊德将潜意识分为前意识和无意识两个部分，有的又译为前意识和潜意识。

在弗洛伊德的心理学理论中，无意识、前意识和意识是三个不同层次但又相互联系的系统结构。弗洛伊德将这种结构作了一个比喻：无意识系统是一个门厅，各种心理冲动像许多个体，相互拥挤在一起。与门厅相连的第二个房间像一个接待室，意识就停留于此。门厅和接待室之间的门口有一个守卫，他检查着各种心理冲动，对于那些不赞同的冲动，他就不允许它们进入接待室。被允许进入了接待室的冲动，就进入了前意识的系统，一旦它们引起意识的注意，就成为意识。

第二章
房树人投射测试

一、什么是投射测试？

"投射"，是客观事物的主观反映。在心理学上的解释，指个人把自己的思想、态度、愿望、情绪或特征等，不自觉地反映于外界的事物或他人的一种心理作用。此种内心深层的反应，是人类行为的本能之一。就是人们平时说的"以己度人"。

投射法：向受测者提供意义比较含糊的刺激情境，让其自由发挥，分析其反应，然后推断其人格特征。利用这个方法设计的测验称为投射测验。

举个例子：

想测试某人的心情状态，就可以让对方看看天上的白云，问他：你看天上的云，像什么动物呀？

心情好的人看云大多数像活跃强力或可爱的正面的动物，比如老虎、狮子、兔子、猫等。心情不好的人看云大多数像丑的或负面的动物，比如老鼠、蛤蟆、蛇、鳄鱼等。

其实云还是云，是受测者把情绪投射到云里。

二、投射测试的种类

根据受测者的反应方式，可以将众多的投射测试分为以下几类：

1. 联想法

要求受测者根据刺激说出自己联想的内容。例如，罗夏墨迹测试和荣格文字联想测试等。

2. 选择或排列法

要求受测者依据某种原则对刺激材料进行选择或予以排列。例如，可以让受测者将一些描述人格的词按照好恶程度或适宜程度排序，从排序中可以分析出受测者的人格。

3. 构造法

要求受测者根据他所看到的图画等，编造出一个包括过去、现在和未来发展的故事，可以从故事中探测其个性。例如，绘人测试。要求受测者在一张白纸上用铅笔任意画一个人。画完之后，再要求受测者画一个与前者性别不同的人。测验者可以通过面谈的方式向受测者了解他所画人物的年龄、职业、爱好、家庭、社交等信息。最后，测验者对受测者的作品进行分析。

4. 表达法

要求受测者用某种方法（例如绘画）自由地表露他的个性特点。例如，通过书写、绘画、谈论、唱歌等形式让受测者自由表达，从中分析其人格。

5. 完成法

要求受测者将一系列句子补充成完整的句子。通过受测者的反应可以对受测者的家庭、社会与性态度、一般态度、品格态度进行解释。

三、最常用投射测试：罗夏墨迹测验和主题统觉测验

罗夏墨迹测验是罗夏于 1921 年以"心理诊断学（Psychodiagnositics）"为标题发表的人格测验。现已被世界各国广泛使用。罗夏墨迹测验法的目

的是通过对标准化的刺激进行反应的观察,来预测或推断受测者在其他场合的行为模式。它是以墨迹偶然形成的模样为刺激图板,让受测者自由地看并说出所浮想到的东西,然后将这种反应用符号进行分类,加以分析,捕捉人格的各种特征,从而进行诊断的一种方式。

主题统觉测验(TAT)是投射测验中与罗夏测验齐名的一种测验工具,由美国哈佛大学默里与摩根等于1935年编制而成。后来经过多次修订,逐渐推广应用,故成为一种重要的人格投射测验技术。全套测验共有30张内容隐晦的黑白图片,另有空白卡片一张,图片的内容以人物或景物为主。每张图片都标有字母号,按照年龄、性别把图片组合成四套测验,每套20张,分成两个系列,每系列各有10张。分别用于男人、女人、男孩和女孩,其中有些照片是共用的。

四、一个有趣的性格测试

测试题:如果现在外面下雨了,你在商店买伞,你会选哪一种颜色?(红、黄、绿、橙、蓝、紫、黑色、白色、透明)注意凭第一反应选择,不是现实情况。

解读:

选择红色:男生为火焰型,激情有力量。女生则为母老虎型,强势有担当。

选择黑色:男生为隐藏自己。女生为没有安全感。

选择透明色:极度渴望被人理解。(与黑色一样都是心理亚健康状态)

选择蓝色:理性。

选择绿色、橙色:心理健康状态。

选择黄色:性格幼稚,心理年龄小。

选择紫色：男生为别具诱惑魅力。女生为波斯猫，女性特质强，女人味，有依赖性。

选择白色：未定性，以后可能随时会变。

现代心理咨询更加偏向于应用派系，而非理论派系。以上心理测试只是具有普遍性，不具备绝对性。

补充分享案例：某大学一位女学生，经常头痛，恋爱不顺。在学校是非常强势干练、能力强的代表，是学校老师的有力帮手，学校各种活动的举办人，活跃于学校各种职位中，人际关系也很好。但在心理课上做这个心理测试时，老师以为她会选择红色的伞，结果她第一反应选择了紫色。后来经过了解和心理辅导，发现女生实际是依赖性的，渴望男友的保护，甚至希望男友是比较大男子主义的，但是被从小的家庭经历"不自觉"地成为一个强势有能力的人（这个孩子家庭比较贫困，父母对她的期望很高，把家庭幸福的希望都寄托在这个聪明的孩子身上，一直不自觉地强化这种期望，孩子也误以为自己是聪明而且强大的女性），这样两者的矛盾冲突是导致其头疼的主要原因。后来第二学期开始，女生便辞去学校里的职务并退出各种社团活动，留起了长发，穿了裙子，在毕业后的第二年就结婚了。

五、房树人绘画技术的理论知识

房树人测验（House-Tree-Person），又称屋树人测验，它开始于约翰·巴克（John Buck）的"画树测验"。约翰·巴克于1948年发明此方法，受测者只需凭着自己的感觉在三张白纸上分别画屋、树及人就完成测试。动态房、树、人分析学则由罗伯特·伯恩（Robert C. Burn）于1970年发明，受测者会在同一张纸上画房、树及人。这三者有互动作用，例如从房及人的位置与距离都可看出受测者与家庭的关系，所以这两种分析法多数会结合使用。

（一）形式分析

1. 测验时间

一般所需平均时间，房子（H）为11分钟，树（T）为9分钟，人（P）为11分钟。

2. 顺序

正常为H：屋顶、墙、门、窗。T：树干、树冠、树根。P：头面部、躯体、手足。

顺序混乱往往说明受测者：（1）精神发育迟滞；（2）情绪障碍、兴奋、无计划；（3）与众不同的思维方式，精神分裂症；（4）图形综合能力弱，脑器质性障碍；（5）轻率任性；（6）无决断力、不安，有关反复消抹的部分，提示多存在心理冲突问题。

3. 远近感

（1）画面远近适当：提示具有适切的调动感、现实感、冷静性、计划性。

（2）画面过分远离：提示回避现实，或过度批判，焦虑不安，自卑感。

（3）画面无远近感：缺乏调整能力，只看到问题表面，心理水平未成熟。

4. 使用画面之大小

（1）过大：画面 >2/3 纸——显示强调自我存在，活动过度，对环境感知无压力但内心充满紧张、攻击、好幻想、躁狂、妄想、敌意。

（2）过小：画面 <1/9 纸——不适应环境、自我抑制、内向、自尊心弱、自我无力感、自卑、焦虑不安、害羞、活动少、精神动力不足、

退行。

5. 位置：失去比例、失去比重时有意义（空白部分 >2/3）

（1）中心画——成人提示内在的不安感，努力维持内心的平衡，控制自我；儿童具有自我中心，可塑性差，不能客观地认识环境。

（2）左侧画——感情世界，过去的生活，内在生活，自我意识，女性化。

（3）右侧画——理智世界，将来的生活，外在生活，客观意识，男性化。

（4）上部——目标远大，努力追求，在空想中寻求满足，自我存在的不确定感，自我与他人保持距离，难以接近，乐观。

（5）下部——感到自我现实的确定的目标，失败感，不安感，非协调感，抑郁，具体的事物存在于身边才能安定的想法。

（6）与画纸的一边相连接——对自己独立的行动感到不安，渴求得到依赖、支持的人。

（7）转换画纸的方向——对外界的反抗态度，攻击的倾向。

6. 切断

下切：内心有强烈的冲动性，压抑冲动，努力维持价值的统一，表现在人际关系上，对自己的冲动、敌意加以压抑时的表达，或独立自主行动时，感到受外来压力的阻碍。

上切：多见于树，追求现实中不能实现的满足，从而沉迷于空想。思考强于行动，求知欲强。

左切：对未来恐惧，或固着于过去，既想要直率、自由地表达自己的情感，又要依赖别人，反复犹豫不决，具有强迫倾向。

右切：显示逃避过去、进入未来的欲求，能直率地表达自我情感，对过去某些经历的事感到恐怖，从而对自己的行为加以理智的控制。

** △除树木外，切断的画指逃脱生活空间，不能良好适应社会。

7. 笔画压力与线的浓淡

笔画压力重：精神动力高，自我主张，过于自信，对行动积极。

过重笔迹：心理紧张，病态人格，急性精神障碍。

轮廓线特别浓，尤其内部线浅淡：提示明哲保身，努力统合自我人格，体验到自我内心的紧张。人物正面时，自我意识强，癔病，参加社交欲强；侧面时，内向，自恋。

笔画压力轻：精神动力低，自卑，无助感，无自信，焦虑不安、抑郁，恐怖，心理缺陷。

8. 线条

长线条：自我控制性强，对行动控制得体。

短线条：易冲动、兴奋。

直线条：自我主张，攻击性，待人处事可塑性差。

圆滑线：女性化，依赖性，不受束缚，健康，适应性比较好。

不连接线：自我崩溃，不安定，无忍耐性，失去与现实的接触，焦虑不安，无自信心。

9. 影子与阴影

影子：象征着意识水平中的不安，内在冲突。

阴影：人际交往中过敏倾向，不安，强迫，抑郁，退行，追求空想，对外界敌意与不安。

10. 擦消

反复擦消：缺乏决断力，自信不足，不安，要求过高，追求完美。

部分反复擦消：对这部分强烈冲突、潜意识中的不安。越画越差——心理病态。

11. 对称性

不对称：人格统合障碍，失去平衡，易行动化，冲动。

过分对称：强迫观念，情感冷淡，与人保持距离，压抑，冲动，理智。

12. 透明性

情绪障碍，脑器质性损害，不能正确认识自我与外界关系，心理混乱。

13. 立体性

自上往下观（鸟瞰图）：积极参加的态度，优越感，无束缚，不适应。

自下往上观（仰视图）：与环境难接近，被家庭排斥，自卑，内向，不好交际。

14. 方向

房、树、人全正面：显示人格生硬，不妥协。

侧面人：逃避倾向，内倾，隐蔽性地与外界接触，自我防卫，过度警惕。

背面人：对人和事的拒绝和否定，某些人表现为有特殊的关心。

正身侧面：不能良好地与社会接触，不正直。

全侧人：单手单足，内向，少交际，自我隐蔽，只按自我方式与外界接触。

15. 详细性

描绘详细：对日常生活中实际的、具体的意识、关心自我的处理能力。

过分详细：重点关注，对环境过度关心，强迫倾向，情绪紊乱，癔病，神经症，病态人格。

不详细：精神动力低下，内向，抑郁，智能缺陷，不适应。

16. 省略

省略部分有时具有特殊意义，有的则近似于不详细、忽略。

17. 运动

动作或运动的激烈性，自发性等，扩张性/收缩性，积极/被动。

18. 地面线

过浓线：对安全感的关注，焦虑不安。

下垂线：自我孤独，对母亲的依赖。

右垂线：对未来不确定感，危险感。

左垂右上线：对未来的努力意识。

19. 其他

（1）太阳：权威。

（2）气候/气象：对环境的感情。

（二）房树人中"人"的解析

人——由于人物画最明显地反映人的形象，于是受测者有意无意地予以歪曲，或画别的人，或画成漫画、抽象画的人物等。有这些表现可能是对自我形象的确立困难者，人际关系不良者，不愿暴露隐私者，于是在画人时，自发地动用心理防御机制。

在人的画面中，反映了人物的自我现实像，包括心理上的及躯体上的（身体状况），有时也表现自己的理想像。另外，有的所表现的是对受测者而言具有特殊意义的人物，无论是赞美还是丑化，都与受测者有强烈的情绪关系，好恶及矛盾情感。再者，还反映了受测者对人物的一般认识、概括印象。

正常顺序：头面部—躯干—四肢及五官等细节。

先画躯干四肢的：对自我概念不清，人际关系不良，性情冷漠。

先画五官，再画脸庞轮廓线：不喜欢与他人的情绪接触。

先画四肢：手——人际关系有问题，有罪恶感。

足——性变态可能，对性的关心及冲突。

1. 性别

一般先画同性再画异性。

先画异性者提示：

（1）对异性非常关心。

（2）有特殊意义的人是异性，此人与受测者心理上密切相关。

（3）性的同一性障碍，对自我性别的角色不能接受。

（4）同性恋、性变态可能。

2. 男女人物大小

一般情况下两形象大小相近，差距悬殊时，表明有问题——性角色混乱。

女性受测者：女性像显著大于男性像，对男性的支配力予以藐视等，在家庭中处于支配地位的是母亲。

3. 漫画人与抽象人

对测验具有警戒心，人际关系上存在不安，自我概念确立困难，回避人际交往；不愿暴露自己内心；对某种性别的人排斥；隐蔽其对性的关心。

4. 主题

一般画与受测者几乎同年、同地居住者较多。

裸体画：脱离社会规范，有性的冲突，对性的关心，可能有窥阴癖或露阴癖倾向。

奇妙的象征性主题：心理疾病的指标。

5. 头

头为智力之源泉。是产生行动、控制行动、自我存在之器官，是幻想及对人的关系的象征。

头部省略：神经症，抑郁症，内向者。

头部较大：求知欲强，强调无意识中精神生活的重要性，沉迷于空想，有的时候积极性高。

过大比例失调：头痛、脑手术后，脑器质性损害，社会适应不良，容易发生冲动行为，智能低。

异性头部比同性像大：自我无力感。

头身比例 >1/4 为过大。

头身比例 <1/8 为过小：以理智控制冲动，强迫性地否认自我，自觉痛苦，有时有罪恶感，感到知识浅薄、不足。

强调头的轮廓线：强迫观念、幻觉等力图控制。

头面部涂黑：自我意识强，害羞。

头背像：妄想、分裂症等逃避表现。

侧面头像：与逃避有关。

6. 面部

表示对外界现实世界的接触交往。

其他部分表现为攻击性，而面部表情省略不画或显得温和者：提示避免冲突，隐蔽内心敌意。

不画表情：内向，癔病。

过分详细地画：对人际关系及自我表现过度关心。

强调轮廓线，省略表情：有改善人际关系的欲求，但内向，无行动。

男女性像均不画脸部：性角色不明确，对人有戒心，逃避倾向。

一方不画表情与五官：有心理冲突。

多皮纹：成熟性，深思熟虑。

人物线过于轻淡：好空想。

侧面：敌意，自我主张。

7. 眼、睫毛

眼为心灵之窗，是与外界接触最重要的器官。

闭眼／无眼球：自恋，对外界有敌意，不与外界接触，好空想。

眼大珠小或不画眼：幻视，对窥淫癖倾向的罪恶感，内心冲突。

大眼：多疑，妄想，好奇心，警戒心，爱美。

目光刺人：敌意。

目光迷惘：思考混乱。

睫毛：女性像，追求美，被重视的需要。

8. 眉毛

整齐有力的眉：洗练，潇洒。

眉毛上翘：对别人的批判态度，轻蔑，自尊心强。

9. 鼻

大鼻子：性感强，对性无力的补偿。

纽扣鼻：未成熟。

对画鼻感到困难/省略：有性的冲突，否定男性，同性恋倾向。

鼻孔强调：不满，攻击性，轻蔑。

10. 口、唇、齿

口：与他人接触的器官，积极性，攻击性，性爱。

口的强调：对口的攻击冲动感到不安，讲下流话，内在矛盾冲突，儿童低智，害怕中毒，依赖欲强。

开口：被动，依赖，追求母爱和支持。

一字形唇：自我主张，有意志，坚强，攻击性，冲动的压抑。

张大口：努力争取得到承认，爱情上不顺利，不适应。

11. 头发

对自己考虑的事及幻想感到不安，追求成熟性。

戴首饰：自恋倾向。

戴帽：企图掩盖自己的无力感。

12. 耳

对耳的强调：对批评、意见过敏，幻听，重听，警戒性强，不信任，多疑。

13. 下巴

下巴强调：支配欲强，追求社会地位，攻击倾向。

侧面下巴的强调：犹豫，优柔寡断，脆弱，不愿承担责任，希望得到社会上他人的支配，满足于空想。

14. 颈部

异常颈：不能理智地控制感情冲动，分裂及冲突多。

长短、大小适度的颈：能有效地控制冲动，有教养的人。

颈部过长：过分强调道德意识。

15. 臂

臂较腕粗：能控制自己的行动和冲动。

臂小腕粗：控制力弱。

长臂：对成功的欲求，对身体力量的需要，可能为不足的补偿。

短臂：冲动少，无力感。

16. 手

最后画手：避免与外界事物或人物的密切接触，隐蔽自我无力。

手形含糊较淡：缺乏自信，适应不良。

手形过浓：对攻击、盗窃、手淫等存在罪恶感。对与人接触感到不安。

手及臂背在身后：不能良好地交际，怀逃避态度，对用手的动作有罪恶感。

大手：对自我无力的补偿，对外界事物的关心（儿童），克服自我无力感的欲求（成人），对性的关心和恐惧，对自我的保护。

17. 指

花形指：未成熟性，手笨拙。

握拳：敌意，攻击，反抗。

握物：抑制攻击冲动，敌意。避免情感性接触。

细长指：单纯，幼稚，对职业适应性不良，社会生活适应不良。

指关节强调：分裂症初期，努力控制自己的攻击冲动，特别是对躯体状况过度关心。

18. 腿与脚

与人格安定性及性的态度有关。

先画脚腿或强调：失意，低落，抑郁。

细腿：虚弱，不安定。

长腿：追求自我内心的安定，自主欲强，男性标志。

短腿：丧失自主性，依赖欲。

无脚：丧失自主勇气，人格不安定。

大小、长短不一的腿：自我不安定感，陷入空想世界，逃避现实，矛盾情感。

19. 趾

裸体画中显示的足趾为病的指标，表示脱离社会规范，攻击性强。

20. 躯干

过小：缺乏身体动力、自卑。

细长：感到自己很多冲动没得到满足。

无躯干：自我躯体印象丧失，否认躯体冲动的存在。低智能，分裂症。

透明躯干可见内脏：分裂症。

21. 肩

对男性体征的追求、关心，对外界敌意的防卫态度，对自我弱小的补偿。自信不足，性角色的矛盾情感。

滑肩、圆肩：可塑性大，人际关系圆滑，适切地表现自我。

宽肩：有力，自信。

窄、小肩：弱小，无力，自卑。

22. 乳房

象征对性的关心及依赖欲强。

大乳房、大骨盆：女性的生产力，支配性与自我同一性。

23. 腰

男性的腰：上部显示体格强壮，下部显示性机能发达。

女性的腰：养育机能，生殖机能。

腰带或皮带细心描绘：想使紧张间接地合理化。

细腰：对女性的关心。

24. 臀部

男性像的臀部强调：精神及性的未成熟性，可能有同性恋倾向。

25. 关节

强调：对自我躯体统一性的不确实感，无自信心，强迫倾向，分裂症为防自己的身心崩溃寻求支持。

女性像的关节较男性像大：攻击性，支配性。

26. 衣服

无衣、裸体：违反（社会）规范，反抗性，现实判断理解力差。

强调：自恋，对外界人物、事物不关心，只关心自己身边的事。社交性，外向，强迫倾向。

27. 纽扣

强调：依赖性强，无力感。

制服纽扣：对权威服从的象征。

躯体中心线强调的纽扣：对身体的关心，自我中心、性。

28. 口袋

显示未成熟性，依赖性，感到物质上的不满或爱情不满。

装饰袋：对母亲依恋，对男性自我独立存在冲突，自我扩张。

29. 领带

男性性征的象征，对男性的过度关心，感到性不足。

小领带：自我无力感，自卑，压抑。

过长：对性能力不足的补偿，性攻击性。

30. 帽子

对外界怀疑心，警戒心。

31. 裤子

对性的关心。

32. 装饰品

皮带等：对性冲动进行有意识或无意识的控制，具有行为倾向。

（三）房树人中"房"的解析

房——房子表示的是受测者所出生成长的家庭状况，也是指自己对家庭或一般家庭、家族关系的想法、感情、态度。通过对屋顶、窗、地面线等的构成部分的分析，可以了解到受测者在家庭成员中的自我形象，以及空想与现实之间的关系，如安全感，家庭成员与环境的关系等。

1. 屋顶

屋顶特别大，其余很小：显示好空想，好幻想，逃避现实生活及人际关系。

屋顶与壁相连：分裂症。

顶上画窗：表现在现实生活中有意识地行动。

屋顶过大：指维持有限的活动。

屋顶线浓重：唯恐不能控制自己摆脱空想生活，焦虑不安，努力控制自己，精神病初期。

屋顶线较淡：不能自我控制而被压倒的象征。

瓦片描绘很认真：追求完美，黏着性格。

除了瓦片就是高高的围墙：不能保持与现实接触，自我崩溃。

2. 墙壁：表示自我的坚强性

房子是垮掉的墙：自我崩溃。

强调墙的轮廓线：为维持自我平衡及人格整合而努力的精神疾病初期

病者。

墙线较淡：感到人格近于崩溃，自我控制弱，不能脱离病的状态。

透明墙：(1) 不能充分理解现实，精神发育迟滞。(2) 自我与外界的界限不明确，精神分裂症可能。(3) 尽可能详尽描画的是强迫倾向者。(4) 无心理疾病，但可能是个不注意的人。

用画纸底边线下端作基线：不安感强，依赖，缺乏自主性。

数面墙在一个平面：脑器质性疾病，精神发育退行迟滞。

强调垂线：追求空想的满足，与现实接触少。

强调水平线：有情绪问题，潜在的同性恋倾向。

3. 门：指家庭与环境直接的积极的通道

无门（无窗）：与家庭成员无精神交流，情感冷漠。

大门：积极与外界接触，追求被人理解，开朗，依赖。

小门：不爱交际，避免社交，无力感。

开门：接受他人热情的欲求，给人留下社交印象的欲求。

门窗画格子：警戒性，多疑，自我防卫。

最后画门：消极地与人交际，内向。

4. 窗：如同眼睛，象征美和与人被动接触的方式

窗形不一，有方有圆：现实生活与空想生活明显不一。

只有窗口无修饰：实在、不客气，在日常生活中间容易表露自我情感。

用双线打格，加阴影以示玻璃的窗：对人际关系有适当的关心，与环境协调。

格子过多：明显强迫倾向，虐待狂倾向。

窗上加锁：对外界的危险感，敌意，妄想。

上窗帘：敏感多疑，内向，不安，过度自控。

下窗帘：虽有不安感，但能适当控制自己，应付自如。

5. 烟囱与烟：性的不适应感；对自我性不适应感的补偿，阉割焦虑，

无力感

烟囱：提示追求人际关系、家庭成员关系的温暖性。

冒浓烟：家庭冲突，内心紧张。

烟被风吹散：感到环境的压力。

烟分流：对未来悲观，现实判断力差。

6. 围墙与水沟：自我防卫，不愿受外来干扰，多疑，不适应

防晒帘：警戒心，多疑，自我防卫。

7. 与家庭无直接关系的花木：(1) 不安感，维持安全性，自恋。
(2) 树木遮屋：强烈的依赖欲、被双亲支配感、亲子关系紧张。(3) 小花草、庭园、池塘小动物：心理发展水平不成熟、退行性心理防御。

8. 路、山及其他

漫花曲折之道：警惕，缺乏社交性，避免社交。

山：追求保护，安全，圆形山峰提示恋母情结，尖锐山峰提示努力奋斗和攻击性。

其他附属物：汽油、汽车、电线、避雷针、门铃、邮箱。

（四）房树人中"树"的解析

树表现的是被试者自己几乎无意识感到的自我形象、姿态，表示其内心的平衡状态，从中可显出受测者的精神及性的成熟度。当然树的直接含义表达的是个体与环境的关系，另外是具有生命意义的象征。

1. 顺序

正常次序为：树干、树根、树冠。

先画地线再画树：依赖性强，希望得到保证。

树完成后画地线：行动时，开始稳重，突然出现焦虑不安，寻求保证。

先画树冠：内心不安，表面装饰，虚荣。

2. 树的品种和状态

落叶——常分两大类。

常青树：不死长生，充满活力。

松树：上进心强，同时自我控制，循序渐进。

落叶树：感到自己受外界压力影响。

垂柳：内向，孤僻，缺乏主见。

枯树：自卑，自贬，抑郁，罪恶感，内向，神经症，精神分裂症。

树枯的原因：冬天，风雨雷虫等外部原因：把自己所面临的心理创伤的原因归之于其他人。根、干、枝腐烂等内在原因：自我不健全感。

枯之时：多久？何年月？与不适应感、无力、空虚失落等相关。

截断的树：表明存在受测者无论如何都摆脱不了的心理外伤。

新芽：虽然受到外伤，但无意识中决心再次努力，奋斗、达到能力恢复。

3. 树干：指生命力、冲动等内在素质

大树干：活动积极，在现实或空想中，有攻击倾向。

小树干：自我无力感，不适应感，缺乏自信，无决断力，追求不适当的满足，可疑的脑器质性障碍，精神不能充分成熟，幼儿期表达，病的指标，自我崩溃。

电线柱样树干：通融性差，无活力，死气沉沉，注意外表，性格生硬，抽象力强。

强调树干的轮廓线：努力维持自我人格的统一。

轮廓线过淡：不能明确地意识到自我与外界的区别，感到人格近乎崩溃，有急性的不安定。

波形线：活动性，任性，自我中心。

左侧波线：心理外伤，抑制内在虚弱。

右侧波线：心理外伤，发育障碍，适应困难。

4. 树皮：意味着与外界或他人接触的部分。过分详细地描绘树皮，可能是自我对环境的不协调感

完全涂黑：与外界关系紧张，抑郁，不安，退行倾向。

右侧阴影：社交性好，适应性强，积极意欲。

左侧阴影：内向，梦想，压抑自我，很难表露自己。

斑状：粗短不平的线条，粗野难接触，不满，愤怒。

树干的伤痕、污点、洞穴：受测者存在心理外伤体验，不安，冲突。

洞中有小动物：成人很少画，可能为人格崩溃，失去自我控制力，内倾。

5. 树枝

枝上有影：能在表面上与他人进行很好的交际。

6. 树冠

平冠：感到外界压力妨碍自我的充分发展。

云状冠：能协调与他人的生活。

杉树冠：棱角分明，性格分裂，一般情绪安定，有时出现适应困难的情况。

球状冠：躁郁双向性格，心情开朗，好社交，有时抑郁。

两面下垂冠：意志薄弱，决断力弱，易受感情支配。

骨架冠：恐惧与现实接触，待人客气，有时的确用心良苦。顾虑多，对自己不忠实。

"节外生枝"：退行倾向，与环境不协调时，突然出现不可预测的行为。

7. 根：表示受测者与现实的关系，对自己支配现实能力的认识

透明根茎：缺乏观察理解力，精神分裂症，器质性疾病患者。

盘根错节、阴影强调：对外界环境接触过分慎重。

枯根：丧失活力，无冲动力，不能把握现实，幼小期可能有抑郁经历。

根与地平线相连接，不能客观地把握事物，缺乏自我意识。

8. 地平线

过度强调时：不安感强烈，依赖欲强。

丘状线：孤独，追求保护。

小丘大树：支配他人，显露自己的欲求。

左侧线：感到要为将来而努力。

右侧线：感到将来是危险的存在。

线高于根基：被动性。

以低缘作为地面线：试图消除不安定的心情，有抑郁心情。

9. 叶：外观，装饰，活力

性格乐观，观察力敏锐。但树叶每片都非常认真地画：有强迫倾向。

明显大于树枝的叶子：内在无力感，表面上显得适应。

树叶零落：由于外界压力而失去自我控制，感受性强，有时表示自我存在。

开花之树：注重外在表现，表面荣耀，爱虚荣，洞察力弱，自我赞美。

果实之树：依赖欲强，持续性差，成人对幼儿期的留恋，未成熟性。

落果之树：感到自己被拒绝，灰心丧气，绝望。

10. 与自然环境的关系

太阳：权威像，注意与权威像的关系，未成熟性。

乌云：与在某环境中权威人士之间，有不满感。

阳光照树：爱情欲求得不到满足，追求权威人士温暖的支持。

远景大太阳：支配感，感到从属，恐惧。

阳光聚焦于树上：被权威支配或希望被支配。

落日：抑郁。

星月背景：对母亲的关心，寂寞心情。

被劲风吹落：象征着自己不能控制的外力影响和支配。

同时受到各方面风的影响：丧失对现实的理解。

各种风景中之树：非现实性，好幻想，情感丰富。

11. 特殊的树

孔状树：常见于反抗期儿童，可见生硬的人格，敌意强，行为暴发性，反抗性强的人。

性器官样之树：树干有伤痕孔穴。表明有性及精神的混乱，性的冲突。

只画部分树干：缺乏洞察力，不能全面把握现实。

盆景树等，有支持物之树：感到缺乏自主性，有不安定感，寻求支持保护。

12. 大小与倾斜

过大：不泛于空想，追求现实活动的满足。

过小：对自己有自卑、无力的感觉，内倾性格。

左倾：自我防卫，内向，感情抑制，不希望活动，执着于过去，对未来恐惧，有时懒怠。

右倾：与他人接近，有活动欲求，对生活持积极态度，有时不安定，易接受外界影响。

（五）"房树人测试"适用的范围及其优点

1. 适用范围

（1）该测验既可以用于群体测试，又可以用于个体测验。

（2）它也可以作为人群中有关精神健康的普查筛选工具，以此筛选出群体中不良者。

（3）它还可以用于门诊临床以及住院患者的心理诊断，为心理咨询提供有关人格方面的信息。

（4）此外还可用于调解夫妻关系、亲子关系，治疗和矫正青少年不良行为的手段之一。

（5）利用其艺术疗法的作用，促进精神病人的康复。

2. 优点

（1）具有主动性、构成性、非言语性的特点，避免反应内容在言语化过程中变形，从而更具体地了解受测者的人格特征，捕捉到难以言表的心理冲突。

（2）能初步了解受测者的智力水平，不像 WAIS 测验那样有诸多局限性，并且不易造成心理创伤体验。

（3）再度测验不会导致练习效果，有利于反复施测，追踪观察。

第三章
问题家庭

在我们临床咨询中,遇到最普遍的问题就是童年创伤对人的伤害。很多时候,这种痛苦会跟随人们的一生。本章会详细讨论原生家庭带给人们的几种创伤。

一、两个女明星的故事

(一)酒井法子的经历和精神分析

2013年11月9日,有位女性在东京地方法院内接受了法律判决,震惊了很多人。她就是很多80后的童年女神——酒井法子。她被判处有期徒刑1年6个月,缓期3年执行。

酒井法子的确在演艺事业上取得过巨大成功,从1987年到2007年,她共出了32张唱片、举办过13场演唱会、主演过17部电影。

这个大红大紫的女明星,理论上可以过上比一般人好很多的生活,但是她为什么被判刑,把自己的生活过得一团糟呢?

原因就在于:原生家庭。

酒井法子的父亲酒井三根城是黑社会的,这就很不靠谱了。她的母亲在她4岁时去世了。

她父亲是日本黑帮山口组的一个分支组长,专门负责毒品交易。这种生活很不稳定,父亲到处躲避警察,从关东地区的玉县到九州的福冈县再到中部的山梨，使得她很难在同一个地方稳定生活。就是说她童年得到的安全感和关爱是远远不够的，这是很深的伤痕。

酒井法子还是婴儿的时候，因为母亲长期遭受父亲的家暴，将她抛弃在寺庙中，而后被她的亲戚抱回家抚养。

直到酒井法子 7 岁的时候，她才被接回家。此时她父亲已经再婚。酒井法子的继母不喜欢她，经常打骂她。酒井法子为了讨好继母，期望得到继母的一点点关怀，便独自忍受着继母的打骂。

后来，酒井法子的父亲再次家暴继母，导致继母和父亲离婚，酒井法子再次被送到亲戚家生活，直到父亲第三次结婚后，酒井法子才被接回家。所幸新任继母比较温和，对酒井法子还算不错，但是这无法弥补酒井童年在不断的抛弃中度过的创伤。

实际上，这个时候，心理咨询师就需要介入了，可惜没有。

后来，酒井法子的第一任继母说："酒井法子是个被遗弃的孩子，酒井法子父母离异后，亲生母亲和一个年轻男子离开，并将还在哺乳的酒井法子遗弃在佐贺县内的寺庙里。"

1986 年，酒井法子的演唱事业开始起步，录制了第一首歌《拜托你，亲爱的》，父亲前去祝贺，在回去的路上因车祸去世。这是第二个打击。不久后，从 14 岁开始就一直陪着她的经纪人沟口伸郎，因为糖尿病恶化和工作压力，在办公楼的厕所里用皮带上吊自杀。

注意，事业、财富上的大发展，只是在"意识"层面的良好积累，这对酒井法子"潜意识"层面的"孤儿原型"的疗愈帮助很小。

所以，酒井法子的感情一直经营得很糟糕。朋友一直说她很"强势"，是"孤儿原型"子人格中一个典型的应对模式；与此同时，使得她对感情会有一种极为强烈的依赖感。在恋爱之前，酒井法子和她曾经营毒品买卖的父亲截然不同，不仅不会沾毒品，甚至都不吸烟。不过这不是说她心理很健康，而是当时年纪轻，生本能远远大于死本能，能够约束自己。慢慢长大后,生本能逐渐减弱,"孤儿原型"的负面驱动力逐渐增强。之后,酒井法子学会吸烟。

1997年和男友分手后,有人目睹酒井法子经常出入夜店和歌舞伎町,圈内人爆料说,她成为"药箱(意为多人聚集吸毒的夜店)"VIP房的常客。有一次,在东京著名旅游中心六本木的夜店里,酒井法子甚至还兴奋到大跳脱衣舞。

另外说一下,她还有一个小她8岁的同父异母的弟弟酒井健;姐姐如此,弟弟当然也好不到哪里去。他也是山口组成员,2013年7月因吸食安非他命二度被捕,后遭到起诉。

一个人0—3岁、3—6岁两个阶段的童年生活,会深刻地塑造一个人一生的潜意识中各个"子人格"的模式,如果不经过专门的心理咨询师的治疗,这种模式会一直存在。

"0—3岁"时,孩子和妈妈的亲密程度,决定了孩子一生的安全感和情绪构建。

"3—6岁"时,就是到了"俄狄浦斯期",在这个阶段中,孩子跟妈妈学会如何做女人,跟爸爸学习如何与男人相处。在酒井成长的最宝贵的时间,她是被亲生母亲遗弃,被送养至亲戚家,未与父亲一起生活。可以推测在酒井的世界中,她根本不知道在家庭中如何扮演好为人妻为人母的角色,也根本不懂得为自己选择一个爱自己的男人。

所以,酒井法子内在有一个"孤儿原型"的子人格。这个子人格,会使得她在做选择时,倾向于"熟悉感"而不是"舒适感",因为安全感不足的人,总是不认为自己能获得幸福,所以即使有好男人出现在她身边,她不自觉地也不会去靠近;相反,一个在心理意义上背叛或抛弃她的男人,她会觉得熟悉,而去选择他。

之后酒井法子结婚了,丈夫高相佑一。我们要注意的是,这个丈夫也是"吸毒的",就是前文中"孤儿原型选择'熟悉感'"的作用。这种婚姻生活当然好不到哪里去,婚后她经常在朋友面前抱怨对丈夫的不满。尽管如此,她并没有放弃这段婚姻。至少在两三年前,她还和高相一起去各种俱乐部。高相被捕后,供出酒井法子也吸毒的事实,但并没有落井下石或想拉妻子下水的嫌疑。按照他的供词,酒井吸毒是他引诱的,毒品也都是他买的。再之后,狗血而大概率事情发生了:酒井把要好的闺蜜介绍给丈夫高相,最终闺蜜变成丈夫的情人。对于如此双重的背叛,酒井是默认的。闺蜜经常频繁出入他们居住的公寓,帮酒井照顾孩子、打扫卫生、管理家务。在前文提到的提审中,检察官询问酒井法子是否要与丈夫离婚时,酒井的回答是犹疑的:"现在我没有办法和丈夫说话。我想等最终我们两个人可以交谈的时候再决定。"说明到了这种情况,她还没有做出要坚决跟丈夫离婚的决定。

这看起来有点不可思议,实际上这是常见的"孤儿原型"的童年阴影塑造的应对模式。

(二)饭岛爱的原生家庭

还有一个女明星,由于她写了"自传",可以更好地理解她的内心历程,而且她的结局更让人心疼。下面我们原文摘录饭岛爱自传《柏拉图式性爱》。

父亲的右手用力拍打在桌面,大声怒吼着。

这声怒吼,直冲着想赶快把晚餐吃完,像往常一般出去玩的我,而这句突然脱口而出的话,也让家中所有成员停下了筷子。

只见这一瞬间,连空气都停止了。

母亲、读小学的弟弟和我,谁都不敢抬起头看父亲。也因为重力拍打桌面的关系,父亲的筷子从狭长的餐桌上滚落到地面。

父亲的个子不高。他脸上很少露出笑容，而且总是透过银框的眼镜，一直监视着我。小学低年级时，我看到了学校通知单，上面写着"个性内向"。上课从来不曾举过手，即使老师问话，也回答不出什么来，只能低头看着地板，不敢正视老师。就算老师把耳朵贴近我的嘴边，还是听不到我那比蚊子还小的声音。在家中一直被教唆着"去做这个""去做那个"，如果做不到的话就一直被大吼的我，在没有父母亲的学校中变得什么都不会，生怕如果做了不必要的事就会被骂。我总是对人们的目光感到恐惧。

父亲的管教非常严格。

举例来说，从吃饭时饭碗、筷子的拿法开始，只要手臂一碰到桌子，父亲就会毫不留情地打过来。当然，在吃饭的时候更是不可能让我们看电视。吃晚饭时，一定要对父母报告当天的事。父亲、母亲、两个弟弟以及我，一共五个人围坐在桌边，我和两个弟弟便将今天在学校发生的事，包括上课、老师和朋友，一五一十地向父母报告。在别人看来，这般和乐融洽的景象，可能会觉得这是个好家庭。但我总觉得，好像说什么都会被斥责。所以，在学校一向畏缩的我，并没有什么特别值得报告的事。

"你今天在学校如何呢？"

"没什么……"

"有没有什么特别的事？"

"没什么……"

这是我一贯的台词。说完后，就避免和父亲的目光相会默默地动着筷子。

在我的记忆中，吃饭时很少快乐地欢笑，心只想着赶快把饭吃完，然后去看自己想看的电视节目。

在严肃的父亲旁边，不常说话的母亲总是不会多看我们一眼。据说如果是因为母亲的关系而被斥责的话，这个小孩总会被拐着弯说"你真是没有教养"。

"这都是为你好,这都是为你好……"

真的是这样吗?不过,这是母亲的口头禅。

母亲她顺从、听从丈夫的话,悉心服侍他,就人们的眼光来看,是个理想的妻子。

可是对我来说,"理想的妻子"和"理想的母亲"实在有着天壤之别。

母亲总是要求我成为一个成绩好、礼仪端正的"理想的小孩",可是,我绝对不是这样的孩子。

我几乎每天都有补不完的习,像是升学补习班、学钢琴、算盘、作文、学书法等等,然后"这都是为你好"的话又不断地重复在我耳旁,可以说被压得喘不过气来。也曾经被父亲说"姿势太差"而被逼着去学武术,后来又一度要我去学日本传统舞蹈,不过在我拼命抵抗之下,总算是不用去学了。

放学后,赶着到补习班上课,补习完后,回家吃着那顿气氛凝重的晚餐,吃完晚餐后,母亲又会以"这都是为你好"的理由要我去用功。"我的教育方针没有错误。"

说完后母亲的眼梢就吊得更高了。

如果父亲因为工作而晚回来那就还好,但如果早回来的话,他就会把有岛武郎的《一串葡萄》之类的小说递给我,然后强迫我大声地念这本书,再把这本书重抄一遍。之后的三十分钟到一小时之间,父亲一定会拿着尺站在我椅子后面。接着,就只能听到尺轻拍在父亲手掌上的声音。

"你的背驼了!""注意力不够!"

只要一发现有缺点,父亲就会高举手上的尺,二话不说地往我手上"招呼"。这时,我的身体就会出现一阵震动,也因此我的两只手腕、手上的指甲总是红肿的。"如何不激怒监视我的父亲",我的脑中只想到这个。

通常,一般的小孩子都会想和父母交流、沟通,但我不知道从什么时候开始，对于严格的父亲，都会刻意地避免和他交谈。那是小学四年级的事了。

那个时候，有一部无论如何都想和朋友一起去看的卡通动画电影，叫作《白鸟湖》。虽然很想去，可是我知道如果向父母请求的话，一定不会被允许。因为在他们的认知里，只是和朋友到街上去玩，也算是不良的行为。

可是不管怎么样我都非常想去，所以在无法抑制这个冲动下，就偷偷地跑去看了。

结果还是被父母知道了。回家的时候先是立刻被母亲念了一顿，等父亲从公司回来后，又是一顿大骂和毒打。我的脸被赏了耳光，一回、两回、三回。

"为什么不可以去呢？"

我虽然哭叫着抗议，但回应我的，却是另一阵痛打。因为眼泪的关系，父亲的影像以及我所存在的这个世界，都变得看不见了，只能听到正在挨揍的声音。

"为什么会被打呢？"心中只想着这个问题。

深夜，我将脸埋在枕头里哭泣。

"到了国中时我绝对要逃离这个家！"我在心中不成声地呐喊着。

"真是丢脸，真没面子！"

小学快结束的时候，父亲和母亲的口中，总是只有这句话。

我渐渐地发现，父母亲并不是为我的事情着想，他们只是在意世人的眼光而已。当然，到了快要进中学的时候，我就开始和"入学考试"这个名词打起了交道，每天放学到补习班报到，回家后就被叫去念书。

父母亲想要我上偏差值高达60的私立女校，可是我想上的是男女合校。如果要进私立的男女合校，就必须进行语文、算数、理科、社会这四科的测试。私立的男女合校，都是一些偏差值高的学校，想进这些高水准的私立合校是非常困难的。不过为了应付考试，我只读语文和算术这两科。

结果我考上了区立中学，而且还是特地迁移户籍，才进得了这所高升学率的中学。到中学一年级为止，为了不使父亲生气，我还是努力地用功读书。如果说有为了进好一点的高中而努力读书的学生，那么当然也会有跟不上学业的学生。在升学率高的中学里，功课不好的学生和优等生之间的差异是非常大的，而成绩跟不上的学生，很快地就会走上不良少年之路。

小学在一起的朋友，现在都进了当地的中学就读，而独自跨区就读的我，能做的就只有读书了。也因为这个原因，期中和期末的考试成绩，我都在全年级的前十名之内。

可是，无论如何还是不能在班上得到第一名。

身高既不高，长得也不吸引人，我怎么看都是一个极为普通的女孩子。像有一个女同学叫山口，她既会弹琴也会读书，还曾在学校的活动中为全校的同学演奏校歌；考试的成绩张贴在走廊时，她也常是全年级的第一名，总之就是全部都很优秀，除了体育之外，所有的成绩都是5，也就是所谓A级的才女。像我再怎么努力，都只能拿到全班的第二名而已，始终无法超越那个女同学。

"山口这么有才能，那你呢？"

"山口的平均分数是多少呢？"

只要一有什么事，母亲总是拿我来和她作比较。

有一次，我数学考了90分，因为从以前开始数学就是我很棘手的科目，所以从老师手上接到考卷的那一瞬间，我不禁"耶～"地在心中做了一个胜利的姿势。然后我将考卷小心地折起来放到书包中，高高兴兴地回家，想说这次一定可以被称赞了。

"妈，我告诉你，我告诉你，我数学考了90分喔！"

"山口得几分呢?"

"……"

"竟然还错了四题,为什么不会呢?"

"……"

"山口反正都是100分吧!"

"……"

我自己最了解我没有办法达到。

"你的努力不够。"母亲总是这样对我说。

我就算再努力还是如此。

尽了最大的努力还是这样的结果,永远得不到一句称赞的话。不论我再怎么努力,依然无法追上那个人,所以也不知道从什么时候开始,我就很讨厌"努力"这两个字。

"努力"不是美德。拼命努力,只为了让别人认可的人,只是一小部分。在努力过后,只希望能被别人认同我所做的努力。

这大概就是我所渴望的吧!可是我明明已经努力过了,却无法得到认同。不被认同的"努力"是没有意义的,为什么他们不了解呢?为什么他们连一句赞美都不肯说呢?

我每天一直被这样不快乐的心情烦扰着,一直被压抑着。

现在回想起来,那时我甚至没有想过,其实自己想做的事还有梦想的东西,就是这个。那时我满脑子所想的,只是希望别人能够称赞我。

努力用功使成绩好的话就不会被骂,所以每当被老师或朋友称赞"你真是会读书"时,我就会觉得很有优越感。因此就算我很讨厌读书,但是为了想得到别人的赞美,我还是会努力读书。

每当周围的人对我投以赞美的眼光及声音时,因为不是恶意的,所以即使不喜欢,我依然会忍耐地读下去。

我,只是想得到别人的赞美而已。

只是想从父母亲的口中得到"你已经努力了"这样一句话而已。

以上内容是自传的摘录。

抱着对家庭和父母极度的失望，13岁的饭岛爱在歌舞伎町的迪斯科舞厅里找到了麻痹痛苦的方式，她和那些同病相怜的少女们跳舞、偷窃，和男孩子们约会，追求着自己梦寐以求的幸福。当然，如果运气好，能遇到合适的爱人，但这种真要看概率。

她没有遇到。

但是她依然不想回家。想起之前每次被带回家后，就会被流着眼泪的母亲打，边打还边对她大喊："你这个孩子是怎么了，是怎么一回事呢？我的教育方法明明没有错，为什么会变成这样？为什么？告诉我，为什么？"

她最后一次离开家，是因为险些被父亲打死。父亲去迪斯科舞厅把她拖回家，用剪刀把她的头发剪光，对着她的脸、胸脯和肚子一顿暴打，怒吼道："我不记得我有养过这样的女儿！"上来阻拦的母亲也被父亲一把推倒，头撞在了柱子上。

之后就长大了。1992年，饭岛爱进入了演艺圈。

后来饭岛爱成功转型走入电视圈。此后她专接综艺节目的通告，在日本电视台的综艺节目中担任固定班底，展现"毒舌"功力。2000年，她出了一本自传性小说《柏拉图式性爱》，该书在日本卖出100多万本，还被改编成电视剧和电影。

2001年在张卫健主演的古装神话喜剧《齐天大圣孙悟空》中扮演蜘蛛精。2007年3月因肾病退出演艺圈。

一年多后，2008年12月24日下午3时，36岁的饭岛爱被发现自杀于东京涩谷区樱丘町某大厦21层的公寓房间中。

在饭岛爱生命的最后几年，她和父母达成了谅解，母亲在电视上认出了她,给她打了一通电话。

"妈妈一定很恨我,但是我也留下了痛苦的回忆,我一直只想得到妈妈的称赞。"不知道为什么,我的眼泪就是停不下来,而且脸颊也好热。

"……对不起,该道歉的应该是妈妈才对,对不起,我错了……"

"我错了。"一直以来,坚持"我的教育方法没有错"的妈妈,如此说着。

我听到了妈妈的呜咽声。

"或许是我给姐姐的母爱太少了,对不起……姐姐……"

有一次参加综艺节目时,主持人蔡康永问:"你这么恨爸爸,但又想再见到他,这不是很矛盾吗?"

饭岛爱回答:"先生啊,难道您不知道,人生,本来就是由矛盾组成的啊。"

2007年的时候,她在博客上写了一段情真意切的文字,当时她已经因抑郁症、肾炎、膀胱炎等疾病无法工作,退出了娱乐圈。

"我经常感到孤单和空虚,听着怀旧的歌曲时,总会因为陷入往日回忆而无法动弹,我想我无法一个人过完一辈子。不知道为什么,突然觉得特别想跟男人上床,但并不是要做爱,而是想要撒娇,人都有想撒娇的时候吧?男人也有的对吧?老实说我真的很寂寞,我讨厌独自一人,只能把枕头夹在大腿中间哭泣。"

实际上此时的她已经有抑郁倾向了,心理咨询师需要介入了,可惜没有。

年轻的生命已经终结,我们要反思的是,怎么才能做好自己的工作,不要让后来的人,重复过去的悲剧。

二、问题家庭

回到我们的现实中。在国内，类似于酒井法子和饭岛爱的问题家庭其实不少，我们简单总结一下，有常见的十种：

（一）指责型家庭

第一次见到明明的时候，他精神恍惚，神志不清，被村里人称为"神经病娃子"。

明明的父亲对他抱有很高的期望，望子成龙，因为父亲的一辈子有抱负，但没有成绩，所有的希望都寄托在了孩子身上！对于他来说，孝子只有棍棒底下才能出！

于是，在明明三年级的时候，考试成绩在班级里处于中游，回到家，被爸爸狠狠地揍了一顿。因为他没有邻居家的女孩考得好，不配得到爸爸妈妈的爱！

四年级，他考试超过了邻家女孩，拿了班级前三，本想回家跟父亲炫耀一下，结果换来的是父亲的一顿殴打。父亲说："你还没有拿第一，嘚瑟什么？"

五年级，明明经过努力，终于拿了个全班第一，"我应该有资格跟父亲说我的成绩了吧？"他想。但是回到家，仍旧是一顿恶揍，因为父亲说，他应该拿全镇第一，乃至全区第一、全省第一……

明明终于明白：无论自己怎么做，永远得不到爸爸的爱。爸爸爱他，但是他的身体承受不起。所以，他的身体选择让他变得恍惚，神志失常！

再一次见到明明已经是几年之后，那时的他16岁了，已经成为一个完全正常的男生。带他出来的亲人告诉我，明明离开父母没几个月就恢复了正常。

明明就是一个典型的在指责型家庭里成长的孩子。这种指责型家庭的特点是：父母永远是正确的，他们的关注点永远在孩子的错误上，通过不断否定自己的孩子，从而让孩子产生内疚感、罪性和自我否定。

常见话语："你是不对的""你对不起父母""你看别人家的孩子……"等等。

在这种环境下长大的孩子，他们并不是因为本身差而遭到批评，而是因为遭到了父母不断的批评而变得差。

(二) 操控型家庭

大丽觉得自己的身体被掏空。已经三十几岁的人了，还没有找到合适的对象，最关键的是自己对男性丝毫提不起兴趣，完全没有爱的感觉。但自己的妈妈天天逼迫，导致她只要一听到父母的声音就情绪崩溃，甚至一听到电话声音就恐惧！她说，我什么也不想做，我没有动力，很迷茫、很沮丧……

在深入的沟通之后发现她的妈妈是一个典型的操控型妈妈：她从小到大穿什么衣服，学什么东西，说什么话完全都是妈妈一手操办。她说："妈妈从来不给我自由选择的机会，我也基本不做任何挣扎，因为挣扎需要我耗掉很大的精力。记得有一次我想换一个钢琴老师，爸妈不让，我实在是对那个老师厌恶至极！于是我爬到27楼窗户上以死相逼，他们才同意给我换老师！这是我记忆中唯一的一次反抗，因为代价很大，所以更多时候我都会选择放弃抵抗，放弃选择的权利。我就是这样从小到大被父母控制着！现在既没了反抗的能力，也没了反抗的动力！现在的我离开了父母身边，活着就像一具躯壳！"

在跟妈妈的沟通过程中，妈妈强烈地希望孩子能够回到自己身边，因为她已经给孩子安排好了工作、安排好了对象，安排好了一切！只要孩子在她的保护圈内，就能够活下去！但是她从来没有问过孩子是否喜欢自己给她安排的这一切！她说："我是最爱她的，别的孩子毕业之后还需要在外面经历风雨、四处碰壁，但是我的女儿我都已经给她安排好一切，她只需要按照我的要求做就行了！"

这种类型的家庭中长大的孩子极有可能出现以下几种情况：（1）怂，没有自己的事业和理想。（2）叛逆，即便有事业也是为了叛逆而证明自己。（3）心理瘫痪，长期处于一种比较颓的状态。

特点：父母永远要维持孩子的无力感，让其觉得需要父母，强调世界对孩子的恶意。这种父母常常会替孩子做所有决定。

常见话语："你离了我什么都不行的""我是最爱你的""为了你我可以去死"，等等。

（三）序位错误型家庭

微微总想结束自己的生命，因为她觉得自己很没用，很失败。她的妈妈因为投资失利触犯了法律，被限制了人身自由。她说："都是我的错，是我没有照顾好妈妈，如果我能够把妈妈照顾得好一点，说不定她就不会这样了！"

原来，她从小到大，妈妈总对她说：你要照顾好你的妈妈、你的外婆、你的爸爸，还有你所有的亲人！于是，从小到大，她总是像一个小大人一样照顾着身边的每一个亲人：给妈妈做饭、外婆不开心了给她买口红哄外婆开心，舅舅赌博输了钱也到她这儿拿，因为她曾经收到过一些压岁钱。甚至对守寡的舅妈她也感到非常抱歉，因为她应该照顾好他们的……现在她还在上高中，觉得自己长大了，更应该照顾好自己的妈妈，但是妈妈被限制了人身自由，她应该想办法把妈妈救出来，奈何没救成功。"我真没用，"她说，"我这样活着，不如死了算了，我不配活着！"

特点：父母自身的心理不成熟，被爱的需求仍处于儿童阶段，父母希望自己像孩子一样被保护，被照顾，而这种需求就会从孩子身上得到。

（四）上瘾症家庭

"真希望他们早点离婚！我受不了了，但我不知道该怎么办！"文远见到我的时候一脸无奈。她说："我们从小到大，爸爸老爱喝酒，每一次喝完酒都会打妈妈，妈妈被他打得鼻青脸肿的。这么多年妈妈就这么忍下来了，每一次妈妈对我们兄妹哭诉的时候我们都很为妈妈抱不平，真希望自己快快长大，这样妈妈就可以解脱了，就可以离开那个酒鬼老爸了！现在我们都已经成年，完全有能力照顾好母亲了，但是她还是没有离开我父亲，还是一如既往地被打！最让我费解的是母亲这一次被父亲殴打以后，我们去训斥父亲，结果母亲竟然反过来训斥我，说我怎么可以这样对自己的亲生父亲！"

"我对妈妈真的很无语！"她说，"这是妈妈自找的！但是有时候我总觉得控制不住自己，我知道打孩子不对，但是我就是控制不住自己的手！每一次对孩子动手之后我都觉得很内疚！"

这样的家庭下的孩子会不断地自我否定和产生矛盾，容易出现代际遗传，将悲剧延续给下一代。

特点：家中父母有酗酒、吸毒、赌博等不良恶习，家暴打老婆/老公，打孩子。

常见现象：这种家庭中，还有一种比较严重的情况，那就是父母同时是受害者和施虐者的结合。例如：父亲对母亲施暴（第一重伤害），母亲对孩子进行哭诉，但当孩子出于对母亲的保护，去伤害父亲的时候，母亲却又回过头来阻止孩子，并对孩子进行指责（第二重伤害）。这样一来孩子就会遭受双重创伤。

(五) 身体虐待型家庭

"你看到了什么?"在一次催眠课上,老师问道。

"我看到了我和我爸……"一开口,声音哽咽……

刚认识徐露的时候,她是一个爱笑的女孩,但是笑容中总带着淡淡的忧伤,谁也不知道她曾经经历过什么样的家庭。

"一直以来我都希望自己能够有一个强壮的、像勇士一样的身体,这样我就可以不用再遭受父亲的殴打了,至少在他殴打我的时候我是有反抗能力的!"

她的父亲,只要在外面遇到了挫折,就会回家打人,打哥哥、打姐姐、打妈妈、打她,她一个七八岁的女孩子,在一个大男人面前几乎毫无反抗能力,被父亲拖着,像拎着一只小鸡!木棍、手掌、胳膊肘、扁担等都成了她父亲殴打她的工具!无论轻重,只管泄愤!好几次,鼻青脸肿的她只能无助地跑到亲戚家躲避灾难!但是,父母,我们没得选!

"在家里,我必须小心翼翼的,确保不激怒老头,空气像凝固了一样紧张。时间长了,我学会了一样本领,就是观察他,只要他眼珠子一瞪,我就得赶紧跑!所以我爸每次打我的时候都伪装得好好的,趁我不备,一把将我抓住……"

"我没有安全感,常常做噩梦,不想回家,每次梦到家里的场景,我都会被吓醒……"

"我找不到归属感,不管在哪里,即便我的爱人现在对我很好,我仍然找不到归属感,我感觉这样的自己对他们很抱歉,对不起他们!我甚至觉得我不该活着,或许我的存在就是一个错误!"

"我是多余的,我不该被生下来,我也想得到爱,但我知道我不值得,我不配……"被催眠的她无比痛苦。

对于那些被父母虐待过的孩子而言,要重新获得信任感和安全感是很难的。他们与父母之间的关系，是成年后我们同别人交往并建立关系的基础。

此类家庭，治疗师首先需要正告父母，打孩子犯法。其次，也要处理好父母的情绪，不然父母无法宣泄的情绪，会攻击自身，或做出更加偏激的行为。

在这种家庭模型下成长的孩子，潜意识中可能会有以下观点：自己不配拥有美好的生活。

特点：父母对孩子经常性有殴打施暴等行为。

常见现象：父母往往是自身不断地被周遭环境所折磨，有情绪无法宣泄，只能把负面情绪发泄在孩子身上。

（六）语言虐待型家庭

菲菲和妈妈的关系已经到了水火不相容的地步。这一次，妈妈又狠狠地刺激了她。妈妈说："你过成今天这样，是自找的，活该！我怎么生出你这样的女儿……"

对于菲菲来说，这不是第一次，也不是最后一次遭受妈妈的这些辱骂。最关键的是每一次妈妈骂过她之后，都会轻描淡写地说一句："我就说你一下怎么了？我辛辛苦苦把你养这么大还说不得了是不？"

"真希望她在我小时候直接把我打死，这样我就不用再被她这样骂了！被她打死，至少别人能够看见，但是被她这样骂，却没有人能够理解。他们都会说是我的错，是我让自己的妈妈伤心，是我没有照顾好妈妈，才会让她失望，所以她才会骂我……"

菲菲妈妈在菲菲才几岁的时候就离婚了。离异后的她独自带着两个孩子艰难度日，生活充满抱怨。她是恨自己前夫的，女儿身上有前夫的基因，看到女儿就如同看到了前夫的影子，女儿理所当然地成了她的发泄对象。

菲菲上学需要生活费,妈妈偶尔拿不出来的时候,会对女儿说:"找你爹要去,他都不要你了!"菲菲结婚的时候联系了一下爸爸,希望得到爸爸的祝福,妈妈发现之后对她说:"老子这么多年白养你了,他对你好你去跟他呀!他早干嘛去了……"

"我是又爱她,又恨她!我知道她很痛苦,我也很痛苦,现在我只要再听到她说这样的话,我就恨不得拿刀把自己剁了!"

特点:和指责型不同的是,语言虐待会通过语言反复刺激孩子,让孩子更加绝望。这类父母的内心往往希望孩子受和他们一样的痛苦,有的母亲甚至担心孩子比她美貌,有的父亲则担心孩子比他更优秀,等等。

常见话语:"我真希望没生过你""你怎么不去死""要是没有你,我就会更好""我不指望你……你不要给我丢人就行了"。此类语言可能发生的频率比指责型家庭低,但是杀伤力更强。

这样家庭下的孩子从小到大都无法相信别人,觉得自己不值得被关心,不害怕失败但是害怕成功,容易出现完美主义、拖延症、强迫症以及心理瘫痪。

(七) 三角战争

维维是一个5岁的孩子,他刚刚被妈妈从老家接到城市里面生活一个月。父母已经离婚,这一个月以来,妈妈总在跟父亲争吵,爸爸要求妈妈赔偿精神损失费,不然就要到城市把孩子带走!妈妈说:"你要是敢这样,我就抱着孩子到你单位去闹!"

维维很无助,他成了父母斗争的工具,他不知道自己应该怎么办,也不知道自己到底属于谁。在老家,虽然他是跟父亲生活在一起,但是他看不到自己的爸爸，而爸爸总在以他的名义问妈妈要钱！在城市，妈妈也忙着工作，把他也扔给自己的老人，他同样也很少看到妈妈。他觉得内心无比迷茫，不知道该怎么做，不知道自己属于谁，更不知道哪里是自己温暖的港湾，世界充满了争斗和恐惧。为了活下去，他选择让自己不说话，不沟通，不交流！他被医院诊断为自闭症。

维维是在三角战争阴影下成长的孩子，他成了父母间博弈的工具，父母用折腾孩子的方式来要挟另一方妥协，利用孩子接近伴侣或者攻击伴侣，逼对方就范。

这样的情况，容易使孩子在长大自组新家庭后，自己变成上瘾症的施虐者。

（八）性虐待

大家可能会觉得，性虐待肯定不多，尤其在我们中国很少。但统计数字显示比例真的不低。它会产生3D效应，就是肮脏（Dirty），伤害（Damaged），异类（Different）。就是让孩子觉得自己肮脏，让孩子受到心理伤害，并且孩子长大以后，老觉得自己是个怪人，老觉得自己是个异类。这部分我们不展开讲那些状况，总之是很糟糕。

"我是一个同性恋，但是我跟我的女朋友在一起总是不开心，我不知道怎么哄她开心。"

这是一个同性恋女孩找咨询师咨询时候的诉求，她希望自己能够像别人一样幸福，但总也找不到那种感觉，而对于男人，她总觉得很恶心！

解决问题，必须找出深层次的原因。在催眠后发现这个女孩子原来是个曾经被性虐待的人：她的父亲在她5岁的时候就开始猥亵她，女孩虽然觉得不舒服，但因为什么都不懂，于是就顺从了父亲的需求，之后陆陆续续还进行了几次。直到她12岁那年，父亲再次提出要求，已经懂事的她拒绝了父亲的要求。但这件事情从此在她心里埋下了一种深深的羞耻感，同时也让她的内在觉得男人是那么恶心!

巨大的痛苦将她淹没。了解真相的她终于明白,不是所有男人都是不好的,自己也不是真正的同性恋。

(九) 共生型家庭

在美国留学的达美马上就要毕业了,但是她却陷入了无助和沮丧当中!一方面,妈妈一个劲地催她回国发展,一方面她又害怕妈妈,但是离开了自己的父母,她又不知道自己该何去何从,很迷茫。

她说:"我其实挺讨厌自己的,我既想离开妈妈身边,也想依赖她。从我记事起,她和爸爸的关系就没好过,妈妈把我当成了情绪的垃圾桶,只要有机会就找我吐槽她工作中的负面,在她身边,我找不到自己,我感觉自己是她的傀儡、她的玩具、她的宠物!我在国内,她抓住我不放,到了美国,过了半年的自由时光,妈妈又要过来跟我住在一起。也就从那时候开始,我的情绪完全崩溃!现在的我害怕做决定,坚持不下去了,没有注意力,看文字眼睛就完全乱了,无法得到有效信息。想做的事情做不了,没心情、没动力!现在的我,离开她,我活不下去;不离开她,我也没法好好地活着!"

亲子共生关系可以理解为父母和孩子之间互相依赖的关系,实际上表现为相爱相杀,互相支持也有互相排斥,随着成长也变化着彼此关系。

良性共生关系不用多言,父母喜欢且理解孩子,孩子热爱且与父母有共鸣,成为生命成长路上彼此支持的最珍贵力量。

有一种所谓恶性共生,其实称之为不良共生更好点。具体表现为父母不能相爱,也不能爱自己,孩子就成为代理父母或爸妈的伴侣,但没有机会发展自己。他们善于照顾别人,把别人的需要当成自己的需要,把别人的情绪当成自己的情绪,却无法照顾自己,内心空虚,没有存在感。

(十) 缺失型家庭

缺失型家庭，也就是广义上的"留守儿童"问题。这里讲的留守儿童，不仅仅是父母出去打工，留守在贫困老家的孩子。而是广义上，没有由父母亲自抚养，所有交给爷爷奶奶外公外婆或者其他亲戚甚至保姆带大，以及早早地在"全托"幼儿园中长大的孩子。这些孩子心理问题比较多，而且长大后，出现抑郁甚至婚姻不幸福的比例都会更多。

每一个孩子，最害怕的事情就是被父母抛弃；最期待的事情就是父母关注自己，对自己的心理状态有敏锐而及时的回应。

父母缺失，就会造成以下问题：

1. 普遍缺乏安全感，大多自暴自弃，感情脆弱，性格内向。

在年幼时便与父母长期分开，家庭环境的不稳定使他们缺乏安全感和归属感，从而带来较强的孤独感。他们由于缺乏感情依靠，遇到一些麻烦事会显得柔弱无助，久而久之变得不愿与人交流。长期的寡言、沉默、焦虑和紧张，极易使这些孩子形成孤僻、自卑、封闭的心理。这样的儿童在人际沟通和自信心方面自然比其他的孩子要弱。有什么事自己承受，因为难以和遥远的父母倾诉。平时总觉得低人一等，性格孤僻，人际交往差，与人沟通技巧比较少。

2. 部分留守孩子认为自己是被父母"抛弃的"，甚至埋怨、仇视父母。中国式家庭本来就复杂，"婆媳关系"不好比较普遍，奶奶在孩子面前吐槽孩子的妈妈，这种情况较多。越是如此，孩子越容易在网络中寻找安慰，之后学习成绩下降、早恋等问题就应运而生。另外，隔代抚养留守儿童的祖辈，其教养态度往往是保护的、溺爱的、照顾过度的和忽视的、拒绝的，很容易造成儿童的任性、孤僻、冷漠、攻击、胆怯、被动、神经质和社会性低等个性特征。王玉琼等研究发现，性格孤僻、脆弱、渴望亲情成为"留守儿童"最大的心理问题。

3. 留守孩子的父母大都通过钱来表达对孩子的爱，致使孩子浪费钱、乱花钱；有的大把花钱去买吃的买穿的，有的到网吧玩游戏，有的通过吸烟、喝酒甚至打架等不正常、不正当的渠道宣泄自己的情绪。

4. 老人无法取代父母的作用。留守孩子多数不服管教，因为长期与父母分离，没有稳固的亲子关系作为基础，父母管教孩子不听；老人想管也管不动，或者根本就更加溺爱孩子，造成孩子霸道、自我中心的个性。爷爷奶奶照顾得再好也不能替代父母对孩子的陪伴和关爱，亲情缺失所产生的心理问题会对孩子造成严重的伤害。

5. 留守儿童一般年龄在16周岁以下，正处于身心发育时期，情绪欠稳定，再加上意志薄弱，容易造成情绪失控和冲动。他们还容易对周围人产生戒备和敌对心理。这种敌对心理的一个重要表现就是攻击行为。有些儿童总感到别人在欺负他，一点小事就斤斤计较，对教师、监护人、亲友的管教和批评也易于产生较强的逆反心理，严重者往往还有暴力倾向。

因为留守孩子原本对于"父母不陪自己""抛弃自己"内心早有经久积累下的创伤，父母的不包容行为只会愈发激起孩子的愤怒和反叛。

到了青春期，问题就会很麻烦。因为孩子有着更强的证明自己"长大了"的欲望，同时又没有好的榜样去模拟，于是，留守儿童很容易为了寻找认同和自我价值感而聚在一起，形成"群体"。男孩子常常倾向于做一些违反社会规范的事，很容易就会犯罪。女孩子当然就是早恋甚至过早发生性行为。

而当孩子们"犯错"的时候，往往得不到更多的包容，相反是更严厉的斥责。这样，其实是更增加了创伤，子人格中的"孤儿原型"和"破坏者原型"会增强，促使这些孩子更加把握不了自己的人生。

学者周宗奎等所做的调查显示，有47%的留守儿童学习成绩较差，41%的留守儿童学习成绩中等偏下，10%学习成绩较好，仅有2%学习成绩优秀。调查同时显示78.4%的教师认为父母外出打工以后，孩子的成绩差了，只有 9.3% 的教师不同意这一说法。多达 54.5% 的教师认为父母外出打工的孩子学习一般较差，对此表示不太同意的教师占 26.5%。留守儿童由于缺乏父母的监管和鼓励，出现学习滑坡，对学习丧失信心，甚至对学习感到恐惧。有的甚至害怕学习，经常逃学，逃学后遭到老师和同学的批评，更加不喜欢学习，由此形成恶性循环。

另外，学者黄应圣等人对某镇 848 名中小学生的随机调查发现，留守儿童有 346 人，占总数的 40.8%。有违纪现象（指打架、旷课、小偷小摸行为）的 28 人中，23 人是留守孩子，占 82.14%。留守儿童的道德教育令人担忧。这些父母一年到头忙于打工，没有时间与精力过问孩子，对孩子内心的困惑、需求、兴趣无法关注。一旦从父母那里得不到教育，社会上的"混混""大哥"等，就会误导孩子们学坏。

三、问题家庭产生的负面毒害

这些问题家庭中，孩子可能会受到各种负面毒害：

（1）孩子有毁灭性和伤害性，不太会有长久相处的朋友。

（2）生活中总遇到倒霉事，并且习惯性不自觉地自我牺牲和退让。

（3）一旦与他人建立亲密关系就担心被伤害。

（4）不害怕失败，而是害怕面对自己的成功。

（5）不敢真正地放松和享受生活，不敢接受爱情。

（6）在寻觅伴侣的过程中，容易找到和自己父母缺点相似的对象（因为从小孩子就会有不切实际的幻想，他们期待自己的父母变好，希望能改变一些事情，这样的愿望就会寄托在自己的对象上，想要让伴侣变得更好）。

（7）无论是工作还是感情，往往在做决定的时候都会熟悉感大于愉悦感，选择自己更熟悉、更简单的，而不是真正能让自己开心的。

第四章
荣格的意象呈现技术

一、"意象"概念的提出

我们直接节选荣格的文章,来看看这位大师的思想:

有一次,在半梦半醒之间,荣格恍惚看到,有两个"灵"出现在眼前,一个是跛脚老人,另一个是美貌的小姑娘,自称以利亚和莎乐美,携一条大黑蛇来找他。荣格还和他们说话,聊天。之后,其他的魔、圣、妖、灵纷至沓来,他还一个个地去沟通去聊天了。他认为这是一种自愿与无意识的呈现。依其传记作者芭芭拉·汉纳的记述,此时荣格下定决心,无论何方神圣在梦中显灵,他必不会任其凭空消失,直到他们向他彰显所为何来。"那些年……我追寻内在图像的那些年,是我此生最重要的时光。其他一切皆由此出发。"

《意象分析》一文选自《意象:荣格1930—1934年研讨会记录》。它是继荣格的《梦的分析》(1928—1930)之后,荣格系统表达与阐述其思想与理论体系的最重要的系列讲座。

荣格有个来访者,叫克里斯蒂安娜。通过对她进行"意象分析",自性化过程中的初始阶段,不仅包含梦的分析,也包括在积极想象技术的应用下产生的丰富、生动、极具象征性的意象,给来访者做了很好的疗愈。

荣格说:伟大艺术的奥秘……在于从无意识中复活原始意象……并从而使我们有可能寻到一条返回生命的最深源泉的途径。艺术的社会意义正在于此:它不懈地致力于陶冶时代的灵魂,巫术般地唤回这个时代最匮乏的形式。艺术家那不得不满足的渴望,一直追溯到位于无意识深层的原始意象。正是这些原始意象，极好地补偿了我们时代的片面和匮乏。

荣格就是通过对"原始"意象的追寻，从而为现代被"超我"压抑，找到一条返回"本我"生命最深源泉、最原初根基的道路。荣格几乎把他整个后半生都投入到有关原型的研究和著述之中。在他所识别和描述过的众多原型中，有出生原型、再生原型、死亡原型、英雄原型、大地母亲原型以及许多自然物如树林原型、太阳原型、月亮原型、动物原型，还有许多人造物如圆圈原型、武器原型等。荣格说："人生中有多少典型情境，就有多少原型，这些经验由于不断重复而被深深地镂刻在我们的心理结构之中。这种镂刻，不是以充满内容的意象形式，而是最初作为没有内容的形式，它所代表的不过是某种类型的知觉和行为的可能性而已。"

二、从一个简单的小冥想开始：意象呈现之孵龙蛋

引入语：现在，请慢慢地闭上眼睛。放松呼吸，现在你的眼前会慢慢浮现出一幢房子。你看看，这幢房子是什么样子的？

我们在房子的旁边，朝阳的那面，我们修建一个游泳池，只是这个游泳池里不是水，而是满满的阳光。现在你到里面去很放松地游个泳，你放心，这是你的意象，不会游泳的同学你也能游泳。这是你的意象，在这个意象中你能做一切事情。好现在，看看在这个充满阳光的泳池中，你游泳的感觉是什么？看看你在游泳的过程中又会有什么变化。现在我们有两个任务，我们重新回到房子里。这回，我们去找一个很可怜的小小孩，我们看一下很可怜的小小孩在哪里……好，当你找到这个很可怜的小小孩之后，轻轻地点个头我就知道了……好，下一步呢，你对这个小小孩说，我很喜欢你，你很可爱，无论你是什么样子，我都会好好地保护你……好，下面你和这个小小孩一起去找一颗龙蛋。注意，不是鸡蛋不是鸭蛋，而是

一颗蛮大的龙蛋。你们好好找一下，这颗龙蛋在哪里……好，找到了的同学，就让这个小小孩很温柔地抱着龙蛋，让这个小小孩把这颗龙蛋孵化出来，孵出一个龙宝宝出来。现在让这颗龙蛋好好感受一下这个小小孩的体温，同时，阳光也会照进来，会帮助小小孩孵龙蛋。当这颗龙蛋慢慢破壳的时候，就轻轻点一下头……好，现在我们看一下这是一个什么样的龙宝宝。它刚刚孵出来，它是懵懵懂懂的呢，还是已经有些清醒了？现在，让这个小小孩和这个龙宝宝互相亲吻一下。这是一个契约，就是无论如何小小孩都会把龙养大，不离不弃；同样，这条龙也会永远地陪着小小孩，不离不弃……下面我们等待就行了，看看小小孩怎么把龙养大，他们如何互动，如何长大……注意，当这条龙完全长大，完全成年的时候会多一些技能，例如飞行啊，隐身什么的。如果完全长大了，就可以让小小孩骑着龙，让龙带着他上天入地地飞吧！……我们现在看看，那个之前可怜的小小孩，现在的情绪怎样了？

这是一段很重要的冥想。我们之后很多个意象场景，以及后面更深入的"原型叙事"疗法的场景，很多都是从这个场景引入的。

三、中国学者总结的九种意象对话

在继承荣格意象理论的我国学者中，孙新兰、朱建军等老师有翔实的记述，我们举出常用的几个模式供参考。

1. 看花与昆虫

这个意象能体现出来访者的异性关系。一般来说女性是花，男性是昆虫。

引入语：现在大家感觉一下自己是一朵花，是一朵什么样的花……现在我们来看一下，这朵花所在的环境是什么样子的，它是种在花盆里，还是长在大地里……好，我们再看一下这朵花所在的土壤是否肥沃，土壤是比较湿润的，还是比较贫瘠的。我们再看一下，这朵花所面对的阳光是比较充沛的，还是比较少的，有阳光还是没有阳光，周围又有什么花草树木，会不会挡住它的阳光……好我们再看一下，这朵花从始至终，有没有什么昆虫在这朵花上停留过，过去有没有，现在有没有，未来有没有。好，看看这个花和这个昆虫有什么话说吗？是一个昆虫？两个昆虫？还是几个昆虫……好，如果说都感受好了，就请慢慢睁开眼睛。

2. 看坑

这个意象能观察到来访者目前所面对的困境，并在意象中重新修复。

引入语：现在，感觉一下自己在一个坑里。大家感觉一下这个坑有多深，是特别深、比较深、有点深还是压根就不深？如果这个时候你想从这个坑里面走出来，看看是否比较容易走出来，还是比较难走出来。如果说比较容易走出来就直接走出来，如果说比较难走出来，就看看是否需要借助什么工具才能走出来，看看最终能走出来了吗？如果走不出来也没有关系……再看看，感受一下你在这个坑底部，周围有什么吗？有没有花草树木或者其他东西……好，如果都好了的同学，就请慢慢睁开眼睛。

3. 充满情绪的房间

引入语：请大家缓缓地闭上眼睛，我们去之前引导过大家看的房子。我们在这房子里面找一下，有一个装满了你情绪的房间，我们看一下这个装满情绪的房间在哪里……好现在，我们进到这个房间里，我们看看都有哪些情绪，开心快乐悲伤难过心慌无助幸福等等都有。现在你面对的是一些比较糟糕的情绪，你说负面情绪我很喜欢你，我会好好地接纳你，我会无条件地接纳你，我会无条件地接纳你，我会无条件地接纳你……现在让阳光照射进来，温暖这个房间。现在看看这些负面情绪各自有什么变化没有？现在让阳光不断地对他说，我会无条件地接纳你……好，当这些负面情绪都有些变化的时候，无论是性质还是色彩还是外形，就可以慢慢睁开眼睛了。

4. 看身体的各个部位（监控室）

引入语：现在你的眼前出现了一栋高楼大厦，你走到这个高楼大厦里，在某一个房间里有一个指挥中心，可以说是一个监控室，找到这个房间……好现在，在这个监控室中你会看到很多屏幕，你可以看一下哪块屏幕是亮着的，哪块屏幕是暗着的。好，如果有暗着的屏幕，你选一块进去，看看它通往的是什么样的房间……看看这个房间里有什么，看看这个房间是密封的还是有窗户的。好，无论这个房间里面有什么，从太阳里面出现了一个小海豚，这是一个阳光组成的小海豚，都漂浮到这个房间里，给这个房间光和热。看看在这个小海豚的光和热的照耀下，这个房间有什么不同吗？好，如果说这个房间都处理好了，就离开这个房间，再离开这栋大楼。好，请大家慢慢睁开眼睛。

5. 看地下河

引入语：现在你的眼前出现了一幅自然风景，你感觉一下，你是在什么样的自然风景中。现在给你一把铲子，你开始挖，往下挖，看看能不能挖到一条很大的地下河。如果自己感觉可以挖得到就自己挖，如果感觉挖不到就呼唤出我的意象出来帮你们一起挖。当挖到了地下河之后，就跳进去，然后就什么都不用管，顺着地下河的河水开始流吧。好，慢慢地一直在这个地下河里流很久，然后顺着河流流到地面，就可以慢慢睁开眼睛了。

我们还有其他几种常见意象——种子意象（种树）、井、瀑布、寻找深渊等，大家可以根据以上引入语的方式，相互练习。

四、基本意象疗法的解读

房子：自我认可的构建，内心构建。

意象中房子如果出现旧房或者老家，是一种自我否定，自我防御，与童年经历相关。出现城堡则是内在强大、很好，但也可能是一种更强的自我防御。

地下室（监狱）：内心深处的创伤，囚徒是一个不被接纳的自己，用现在的自己去接纳过去的创伤。

深海：更深层次的潜意识，寻找爱的源泉、力量源泉和生命源泉。

阳光、太阳神：父亲的象征，引入阳光补足父爱，童年阴影。

大多的心理问题，来源于父母亲太少陪伴儿童，包括中国的整个环境，让我们无法全然地做自己。内心深处的缺乏，导致自身人格的不完整，以及太多的感情不顺利，自卑感，恋爱关系不好，其实都和自己相关。意象对话就是用潜意识去改变、去调整，用阳光和爱去除负面情绪，治好人们的抑郁，是心理咨询的一个过程。

相关书籍推荐：朱建军《意象对话与心理治疗》。

五、案例实操

日期：2019年10月25日

来访者：12岁，女孩，五年级

咨询老师：钱明子（明子老师）

内容：放松后开始草原意象

草原意象：

（1）马，两匹在吃草，棕色一大一小，两匹马是朋友。

（2）骆驼，很高，淡棕色，散步。

（3）体型不大的大象，有点灰有点白，在洗澡。

房子意象：

前面出现一幢房子，是什么样子的？（小木屋，旧的，但很漂亮）

走进小木屋看看里面有什么？（里面有沙发、电视机、吃饭的东西）

还有什么？（有个人）

男的女的？多大？漂亮吗？做什么的？（女的，30多岁，很漂亮）

她在干什么？（她是饲养员，还有一只金毛狗，他们在玩球）

你走过去和他们一起玩，他们愿意吗？（愿意）

这个房子有个很特别的房间，你找找看。（找到了）

是什么样的房间？（金毛的房间，有个很软的沙发，玩具，有狗洗澡大便的地方）

干净吗？（有点脏）

那我们一起打扫一下。打扫后干净了吗？（干净了）

这个房子里有个地下室，我们去看看，地下室有点黑，需要我陪你去吗？（需要）

我们到了地下室，里面有些什么？（很多箱子）

箱子里有些什么东西？（宠物的玩具，猫玩的，小熊猫，干草小马）

还有些什么？（都是这些）

地下室是什么样子的？干净吗？（有点灰尘）

那我们一起去把灰尘擦干净。现在干净了吗？（干净了）

地下室有个人，你看看是男孩还是女孩？（女孩）

多大？（和我差不多）

漂亮吗？（很漂亮）

她在干什么？你走过去和她交朋友，一起玩，她愿意吗？（愿意）

现在我们和小姑娘一起走到房子外面的草地上，草地上有个洞，我们挖挖看里面有些什么。（纸箱，纸箱里有只小熊猫，活的小熊猫）

还有呢？（竹子、蚂蚁，很小很普通的蚂蚁，从土里出来了）

再挖挖看？（有个宝盒，里面有黄金，很多钱）

还有吗？（没了）

这时候我们找到了一颗种子，我们把种子埋在泉水旁边的土里，现在太阳出来了，阳光照耀着种子，泉水滋润着种子，种子的根向四周生长着，你看到种子发芽了吗？（发芽了）

好的，太阳继续照耀着它，泉水继续滋润着它，看看它有什么变化了吗？（长成一棵树，但是有点歪，往左歪了）

那我们找个木板给它固定一下。现在它长直了吗？（直了）

好的，那它继续长着，你看看这树长出果实了吗？（长了）

你摘个吃吃看，什么味道？（很甜）

那给小姑娘也吃吃看，小姑娘开心吗？（开心）

她有什么变化吗？（没什么，好像变高了一点）

把果实也带给房子里的女的和金毛吃，他们开心吗？（很开心）

好的，深呼吸，慢慢睁开眼睛。意象对话结束。

六、意象解读

（一）常用的意象分析

房子：

破败程度、新与旧——积极/消沉

颜色——性格、情绪基调

高矮楼层——心胸是否开阔

房间数、楼层数——性格复杂程度

门窗大小/开放——内心开放性

干净程度——心理状态（抑郁、破败、脏乱，体现焦虑程度）

指挥中心——下丘脑、屏幕暗的地方有问题要处理

深海源泉——母亲、子宫的意思

壁炉——性的欲望

花和昆虫——异性关系

鹿、羊、兔等——性格善良、敏感、胆小

老太婆、巫婆——极度自卑的自己

卫生间——和性相关，与配偶的生活状态相关

（二）意象治疗方式

1. 修复、修改

你是意象的主宰，可以像神笔马良一样，主动引导来访者更改屋顶颜色、更改意象、打扫房间等，地下室太暗，可以指引装漂亮的吊灯，打开机关等。

2. 接纳

有效性24%—26%，站在负面意象前，反复说：我会无条件地接纳你，以你为荣，我很喜欢你，我爱你。

3. 挖掘

从小到大，有铭记的东西，往往自己会忽略，用好的事情、正能量来面对、来防御。在意象中，例如红酒、宝石等都代表过去成功的经历。沉船表面上是不好的，但是可以引导多看，有时候能在沉船里找到宝藏。

补充：如果在意象中睡着，效果更好，代表潜意识战胜意志。流眼泪、发抖等生理反应都属于正常现象。

第五章
现代催眠治疗技术

一、概念解析

催眠治疗是指在来访者愿意的前提下，催眠师通过语言将被催眠者引导至潜意识开放的状态下，将可以帮助被催眠者达成改变的观念植入他的潜意识，以达到帮助被催眠者改变行为习惯、解决心理问题的目的。

另外比较常见的是来访者在童年或者过往经历中，难免会有创伤性事件。意识本身为了保护自己，往往会把当时的创伤给压抑掉，使得来访者"忘记"这个事件。事件会被忘记，但是创伤依旧在。催眠技术就是让来访者进入潜意识，回忆起这个事件，再以更积极的态度去面对和处理。

人本身平时在清醒状态下，意识是占主导地位，催眠原理就是让人的意识专注于某一件事情，这个时候潜意识就不会被意识压制住，于是潜意识被激发，进入一种潜意识和意识都同时开放的状态，这个时候就可以跟潜意识做沟通。

催眠就是越过意识直接跟潜意识沟通。

补充说明：我们所指的催眠治疗，就是专门的心理咨询技术中的一种。和电影电视中催眠对方说出银行卡密码什么的完全不是一回事。

二、技术起源

对于医学界来说，现代催眠的起源是在1843年，英国医师詹姆斯·布雷德（James Braid）发表并命名为催眠（hipnos）。

对于催眠的发展产生重要作用的是美国的艾瑞克森（M. Erickson）。他定义催眠为一种注意力集中的状态，被催眠者可接受一个或多个观念及指示。艾瑞克森指出，在催眠状态，患者能打破自己结构化的信仰及思考模式，同时尝试自己心理结构的另一种工作方式。

三、现代催眠的操作分析

催眠会把来访者引导到过去真实的情境中，往往会让来访者直面事件的创伤，会比较深入和感伤。我的经验是，在可以用意象对话、原型叙事疗法、曼陀罗绘画等治疗方法的情况下，尽量不要用催眠技术。

我们做的意象与催眠有什么不同？

意象是回到意象的画面，催眠则是回到创伤性的真实经历。简而言之，做"意象"和原型疗法，感觉是在看"魔幻电影"，而催眠就是看"真实的纪录片"。

用催眠处理的顺序为：呈现→处理

呈现：先构建来访者的防御体系，这个步骤非常重要，不是直接引入创伤，而是应该先储备弹药，引入一些阳光性的事物，例如常用的果实：荣耀时刻、幸福时刻，以及阳光、龙蛋、海底三种源泉等。这些都是在创伤呈现时帮助来访者的重要物资。

在引导进入创伤比较困难的时候可以运用转化的方法，比如魔镜（打破惯用思维）、前世今生（创伤无法介入时）常用四个不同的情境：(1) 日记本（穿越到当时的情景）；(2) 时间的河流（往前回溯）；(3) 地下的时空门（不断地感受身体沉、往地下坠落）；(4) 天上的时空门。几种情境要达到的目的大同小异，就是希望将来访者送到他内心深处的记忆。日记本、时间长河、往地下坠、往天上飘都可以回溯到那个世界。不介意催眠的场景/前世是否真实，可以处理目前来访者的问题，有效果就可以。

处理：

呈现完后就要进行处理，以催眠方法处理（以原型叙事疗法作为主要辅助手段），让来访者有足够的勇气、正能量去接纳或者肯定自己。当看到的是不好的事物，那就应该努力去接纳，去拥抱、亲吻，用阳光照射、鞠躬道别等方法去应对。当看到的是美好的事物，那就应该肯定自己，将自己与美好的事物融为一体。

（1）正面面对；

（2）面对的是当时产生的情绪，而不是人；

（3）爱与接纳（往往可以用阳光、海豚、大地母亲等意象加以辅助）。

需要注意的是，当遇到特殊情况，可能要将自己植入对方意象，可以代表智慧老人的形象，同时也有父母亲人的投射，必要时可以轻轻抱住来访者。然而正因为咨询师有时候不可避免会进入来访者意象中，所以异性之间移情的情况需要多加注意，要和来访者在现实生活中保持距离。

四、现代催眠的操作体验

下面我举出 3 个来访者的例子，直接说明。

1. 来访者小 A，女性，33 岁。长期痛经，痛到"几乎生不如死"。去医院检查过多次，没有明显效果。在医生建议下，来看心理咨询。[咨询师：崔淑君（安然老师）]

2. 来访者小 B，女性，24 岁。工作中出现极度拖延症，已被领导警告，可能要丢工作了。（咨询师：刘梅）

3. 来访者 C 先生，男性，44 岁。近期出现明显的情绪不佳，心境低落状况，担心自己有抑郁症。[咨询师：崔淑君（安然老师）]

催眠第一部分：荣耀/幸福时刻
引导语：
好，现在大家全身放松，完完全全地放松……
首先，我们以意象的方式进入，现在我们大家眼前出现了一幢房子……
这幢房子我已经引领大家看过好几次了，现在我们走到房子里……
注意，我们现在找什么呢？在这个房子里，我们找一个书房，我们看看这个房子其实是有一个书房的，我们看看这个书房在什么地方……
在这个书房中，我们去找一本日记本……这个日记本，我们现在在意象中把它放大……把它放大成一扇门的大小……好，注意，现在我们要去的地方是我们从小到大最有荣耀感的时刻。好，如果准备好了，我们就进入这个由日记本变成的时空隧道的门里，现在这本日记本的时空隧道会把大家带到我们童年最有荣耀感的时刻……
我们需要详细地把这个感觉、这个时刻记录下来，现在我们把最有代表性的这个时刻变成一幅照片，定格下来……好，我们现在慢慢地离开这个环境，现在我们把这个时刻的这幅照片变成一颗种子，现在我们回到房子的后院，我们找一下，在这个后院其实是有一口泉水的，现在我们把这颗种子在泉水附近比较湿润的土地中种下来，种子在泥土里，去吸收大地的养分……吸收大地里面泉水的这种甘甜，慢慢地根须会长出来……
好，现在根须慢慢地长出来去吸收土里的养分，现在已经有几片小叶子长出来了，我们现在把感受集中在树叶上，让树叶接收阳光的照射……吸收阳光，完成光合作用，让这颗小种子慢慢长大……不断吸收着阳光，不断吸收着阳光，不断吸收着阳光，不断把阳光和空气中的养分转化到自己身上，让这棵树慢慢长大……慢慢长大……让这棵树慢慢地长大……

现在，当这棵树足够大的时候，会慢慢地结出果实……好，当有几颗果实成熟了的时候，现在就把它摘下来，吃一口，看看这个果实甘甜程度怎么样，如果比较甜就可以了。如果不是很甜我们就再等一会儿，让这棵树的树根更多地吸取大地的养分，让树叶接受阳光的照射……好，如果说吃到比较成熟的、比较甜的果实的时候，就慢慢地张开眼睛。

催眠第二部分：创伤重现

引导语：

来，现在请大家缓缓地闭上眼睛，全身放松……

我们现在感受一下自己的身体，我们感受一下让我们的大脑感觉越来越清凉，我们的躯体越来越温暖……

现在我们眼前又出现了这幢房子，我们还是像刚才一样走进这个房子……我们还是像刚才一样找到那个日记本，现在日记本放大，现在我们进入日记本中，是一个之前一直被压抑的创伤，让这个日记本把我们带到一个压抑已久的创伤中，让这个时空隧道的入口把我们引到那个创伤时刻……现在我们一起看一下，时空隧道把我们带到一个什么样的场景中，这个阶段是呈现，我们什么都不用管，只需要等待，我们只需要等待……

小 A 的处理

来访者 A：我看见了，当时在我老家的山里。有个叔叔来了，是胖子叔叔，来做客。我们很开心，我和弟弟跑出去接他。

他带了好多好吃的来，带了很多糖果。我跑出来，他就抱起了我。后来他走了，我舍不得他走。

咨询师：好，看看当时的你在干什么，当时的你有什么样的遭遇，那时候你的感受是什么……现在我们让这个画面完完整整地呈现出来，目前我们只是旁观者，我们什么都不用管，我们只需要等待，等待时间的流淌……

来访者A：我要吃糖果，奶奶不让，打我。说只能给弟弟吃。我要吃，胖子叔叔说是给我们一起买的。我要吃，我要不到我就偷。

咨询师：然后呢？继续下去，让场景继续下去，我们只是观察者，让时光继续流淌。

来访者A：我偷到了，我偷到了就跑。（此时眼泪流了下来）我错了，我是女孩子，我不该吃糖，我是女孩子，我不配吃糖果。奶奶对不起，我再也不偷了，对不起。我跑了出去，奶奶追出来要打我。奶奶摔倒了，摔死了。对不……起，我不该偷糖，我是女孩子，不配吃糖果。奶奶对不起。（长时间哽咽）

咨询师：好，现在，你去拥抱一下当时环境中的你，把刚刚那个果实给她吃，试着去亲吻她，拥抱她，把你的爱和包容给到她……给她宽慰，给她阳光……给她爱……对她说："这不是你的错，你值得被爱。"（这句话重复多遍）好好去关怀一下，去体验一下对方的感受，说，你可以过好你未来的生活。如果确定都处理好了就可以慢慢睁开眼睛。

一段时间后，来访者慢慢停止了抽泣，之后平复了情绪。

复盘：

原来，小A本身是一个留守儿童，有一个弟弟。从小被爷爷奶奶带大，本身就缺乏父爱母爱。奶奶有着严重的重男轻女观念。

童年时期，有个叔叔送糖给姐弟二人吃。奶奶不让她吃，只给弟弟吃。她去偷了吃，结果被奶奶追着打。在这过程中奶奶不慎摔伤了，不久后病逝。这给小A造成了巨大的心理创伤：（1）认为是自己害死奶奶的，有极强的罪责感。（2）感觉作为女性身份的自我不认同。通过催眠，回溯到创伤产生的时候，给当时小女孩的"她"做了情绪的处理。这是以长大后的自己，理性地面对幼小时没办法处理的情绪。

之后的一个月，小 A 痛经情况就减轻了。辅助以原型叙事疗法的治疗，三个月后痛经症状减轻了很多。

小 B 的咨询

咨询师：好，看看当时的你在干什么，当时的你有什么样的遭遇，那时候你的感受是什么……现在我们让这个画面完完整整地呈现出来，目前我们只是旁观者，我们什么都不用管，我们只需要等待，等待时间的流淌……

来访者 B：我看见了，我自己，在老家，在老家的窗台下面玩。我看见了，一辆脚踏车，很好看。

咨询师：然后呢，继续下去，让场景继续下去，我们只是观察者，让时光继续流淌。

来访者 B：后来，我爸爸妈妈回来了。他们把脚踏车给了我，然后走了。（此时开始流泪，长时间沉默）我觉得他们遇到了危险。他们走了。我被送进一个房间里。

他们不是我的亲生爸妈……他们死了。

咨询师：好，现在，你去拥抱一下当时环境中的你，把刚刚那个果实给她吃，试着去亲吻她，拥抱她，把你的爱和包容给到她……给她宽慰，给她阳光……给她爱……对她说："我爱你，你值得被爱。"（重复了很多遍）你可以过好你未来的生活。

来访者长时间地流泪，长时间沉默……经过一段时间的接纳后，慢慢地缓了过来。

复盘：

原来，小 B 在幼小时就经历了严重的创伤，亲生父母遭遇了不测。催眠时的场景，就是当时亲生父母把她托付给姑姑姑父时的场景，包括用最后的钱给幼小的她买了一辆脚踏车。

姑姑姑父很爱这个孩子，就一直隐瞒着这个创伤事件，对她说她是自己亲生的。当时孩子太小，无法承受这种痛苦，小B的潜意识就刻意地遗忘，把这段创伤压抑到了潜意识深处。

随着年龄的增长，内在能量的增强，内在自己认为可以"面对"这个创伤了，需要好好地去处理了；于是通过神经症（这里是拖延症）的形式，做一个"呼唤"。

这次咨询之后，又以沙盘治疗、原型叙事等方法，继续为小B咨询了几周。之后小B很理智地和现在的父母沟通（其实是她的姑姑姑父）。姑姑姑父给她讲了当时的事，并且带着她去了亲生父母的坟前，做了祭拜。

再之后多年，我和小B依然保持着朋友之间的联系。她的拖延症早就没有了，咨询结束，一年后就恋爱，三年后结婚了。现在她有了孩子，家庭和睦，生活美满。

来访者C先生的咨询

咨询师：好，看看当时的你在干什么，当时的你有什么样的遭遇，那时候你的感受是什么……现在我们让这个画面完完整整地呈现出来，目前我们只是旁观者，我们什么都不用管，我们只需要等待，等待时间的流淌……

C先生：我看见了一棵树，香樟，很大。

咨询师：然后呢？

C先生：是我二爷爷家的树。（就是他亲爷爷的二哥。他的太爷爷有四个儿子两个女儿，他的亲爷爷是第三个儿子。）

咨询师：然后呢，继续下去，让场景继续下去，我们只是观察者，让时光继续流淌。

C先生：树下有一头老黄牛，它在看着我。那时候我还很小。

咨询师：然后呢，继续下去。

C先生：它说它想我，它要我好好生活。它就是我二爷爷。（开始流泪，长时间地哽咽）对不起，二爷爷对不起。我很想你，我应该回来的，我不知道，我应该回来的。我不知道会这样。

咨询师：好，现在，你去拥抱一下当时环境中的你，把刚刚那个果实给他吃，试着去亲吻他，拥抱他，把你的爱和包容给到他……给他宽慰，给他阳光……给他爱……对他说："这不是你的错，你值得被爱。（重复了很多遍）你应该过好你未来的生活。"

经过一段时间的沉默，来访者慢慢缓了过来。

复盘：

原来，C先生出生于内地农村。童年时，父母外出打工，他是由他二爷爷抚养长大的，和二爷爷感情很好。

他16岁就去附近县城读高中，是住校的。此时二爷爷生了重病，当时要到省会城市才能有条件治疗。所有治疗费，第一次花了8万元，这在当时的他们家，已经算是一笔巨款了。

一年后，二爷爷的病又复发了。问了医生，治病还需要8万元。二爷爷觉得自己年纪本来就不小了，没必要把家里都拖垮，于是一个人回家等死。怕这事影响C先生的学习，没有告诉他。等C先生放假回家时，二爷爷已经安葬了。

这一下子就是双重创伤了。他一方面觉得明明可以治疗的，却没有花钱去治疗，他太不孝。同时，他连二爷爷最后一面也没见到，连一个道别都没有。

在催眠的过程中，我们完成了这个道别。

后续经过两次原型和沙盘的巩固处理，慢慢地帮助C先生摆脱了长期以来的愧疚和自责。一个月后，C先生情绪就明显好转，生活也积极乐观多了。

五、几种常用的催眠引导语

（一）渐进式放松法

现在，把你的身体调整到最舒服的姿势……

请将眼睛闭起来，眼睛一闭起来，你就开始放松了……

注意你的感觉，让你的心灵像扫描器一样，慢慢地，从头到脚扫描一遍，你的心灵扫描到哪里，哪里就放松下来……

现在开始，你发现你的内心变得很平静，好像你已经进入另外一个奇妙的世界，远离了世俗，你只会听到我的声音和背景音乐的声音，其他外界的杂音都不会干扰你。甚至，如果你听到突然传来的噪声，你不但不会被干扰，反而会进入更深、更舒服的催眠状态……

现在，注意你的呼吸，你要很深、很深地呼吸，要用有规律的深呼吸，慢慢地把空气吸进来，再慢慢地把空气吐出去。深呼吸的时候，想象你把空气中的氧气吸进来，空气从鼻子进入你的身体，沿着气管流过鼻腔、喉咙，然后，进入你的肺部，再渗透到你的血液里，这些美妙的氧气经由血液循环，再输送到你全身每一个部位、每一个细胞，使你的身体充满了新鲜的活力。

吐气的时候，想象你把身体中的二氧化碳通通地吐出去，也把所有的疲劳、烦恼、紧张通通地送出去，让所有的不愉快、不舒服都离你远去……

每一次的深呼吸，都会让你进入更深沉、更放松、更舒服的状况。

注意你的呼吸。当你专注在呼吸的时候，觉察空气在你体内流通，感觉氧气进入全身每一个细胞，你的身体就会自动展开补充能量的过程。你越能将注意力集中在你的呼吸上，你的身体就会更健康、更有活力。

从现在起，继续深呼吸，你一边深呼吸，一边聆听我的引导，很自然地，你什么都不必想，也什么都不需要想了，只要跟着我的引导，很快你就会进入非常深、非常舒服的催眠状态……

(二) 眼睛凝视法

让对方或躺或坐，安顿好之后，指示来访者：

现在看着正前方的墙壁，把目光注视正中央那一点，并且固定在那一点，非常专心地凝视。

一边凝视，一边感觉到你的身体越来越放松……

任何时候，当你觉得自己进入催眠状态时，就可以把眼睛闭起来。

在你凝视那一点的时候，你也会感觉到整个人越来越安静，念头越来越少，你可以很清楚地觉察心中流过的每一个念头……

现在，你感觉到身体更放松了，你呼吸的速度也变得比较慢，慢慢地，你会感觉到眼皮一点一点地越来越沉重……

你的意识会渐渐进入一种恍惚的状态，你仍然是清醒的，但是有一种宁静的感觉，好像你渐渐地置身于另外一个时空……

继续专心凝视那一点……有时候，你会忍不住眨眨眼睛，这是很正常的，你每眨一次眼睛，你就更接近催眠状态……

你的身体越来越放松了，你的念头也越来越少了……

你只会听到我的声音，外面其他的声音会变得好像从远方传过来，不但不会妨碍你，而且还会帮助你进入催眠状态。

你的眼皮越来越沉重……

当你感觉到眼皮沉重到某个程度时,你就会自然而然地把眼睛闭起来,享受那种眼睛闭起来的舒服感受,而且,当你眼睛闭起来的时候,你就自然而然进入催眠状态了。

以上引导词可以反复使用,直到对方闭上眼睛为止。这个技巧的好处在于,个案可以根据内在意识的变化来自行调整闭上眼睛的时机,所以在他眼睛闭上后,就进入催眠状态了。

(三) 数数法引导词

这个方法可以在引导阶段使用,也可以拿来作深化催眠的技巧,自我催眠的时候,可优先使用。

让来访者或躺或坐,安顿好之后,指示来访者:

等一下我会从 1 数到 20,每数一个数字,你的身体就会更放松,内心就会更宁静,等我数到 20 的时候,你就会进入催眠状态了。在数数的过程中,你会随时进入非常舒服的感觉,这时,每数一个数字,都会使你进入更深的催眠状态。

1……2……3……

(四) 情境引导法

先舒展一下身体,做个深呼吸,让身体放松下来,然后以最舒服的姿势坐在椅子上,或者靠在沙发上,双手以最舒服的姿势放好,同时,请将眼睛轻松地闭起来。

有没有感觉到?……(比如:心跳、呼吸、周围人的存在、身体跟椅子接触的感觉)

有没有听到?……(比如:音乐、周围的噪声、其他任何声音)

好,慢慢做个深呼吸,你也会感觉到内心变得更加宁静、安详,同时进入更深的催眠状态……

（五）渐进式放松法

现在，注意你的头顶，让你的头皮放松……头盖骨也放松了……

注意你的眉毛，让眉毛附近的肌肉放松……也放松耳朵附近的肌肉……

放松脸颊附近的肌肉……放松下巴的肌肉……放松你的脖子……

放松肩膀……你的肩膀平常承受了很多紧张、压力，现在都要全部释放掉……

放松你的左手……放松你的右手……

注意你的胸部，让胸部的骨头、肌肉都放松……

放松你的背部，让你的脊椎与背部肌肉都放松……

彻底放松你的腹部肌肉，毫不费力地……然后，你的呼吸会更深沉、更轻松……

放松你的左腿……放松你的右腿……

继续保持深呼吸，每一次你呼吸的时候，你会感觉自己更放松、更舒服……

（六）下楼梯法

现在，可以想象你站在一个宝塔上，准备下楼梯回到地下的草坪，这个楼梯共有十级，我会引导你一级一级向下走，每往下走一步，你就会进入更深的催眠状态，你的身体会更轻松、更舒服，你的心里会更宁静、更安详……

当你走到楼梯底下的草坪，你就会进入平常觉察不到的潜意识，想起很多重要的记忆，获得很多帮助，对自己有更多的认识。

现在，向下走到第一个阶梯，身心都更放松了……

继续往下走到第二个阶梯，你感觉到脑海里越来越宁静……

继续往下走到第三个阶梯，你很喜欢这种越来越放松的感觉……

继续往下走到第四个阶梯，你的呼吸更加顺畅，每一次吸气的时候都会把一种非常舒服的感觉吸进来……

继续往下走到第五个阶梯，你越来越深入潜意识了……

继续往下走到第六个阶梯，全身进入一种非常舒服的状态，好像所有的压力、束缚都消失了……

继续往下走到第七个阶梯，你很喜欢现在这种轻松、舒服的感受……

继续往下走到第八个阶梯，你越来越深入你的潜意识，进入一种仿佛回到心灵故乡的心情，充满安全与宁静的感觉……

继续往下走到第九个阶梯，即将到达深度放松的催眠状态了。

继续往下走到第十个阶梯，仔细品味、感受，好好地享受深度放松的滋味……你即将走入地下的草坪，去探索你的心灵深处……

（七）手臂下降法

这种方法简单、有效，容易区别，而且来访者可以根据自己的节奏来调整，他会更有参与感，而不是一直被催眠师指挥来指挥去。

当觉得来访者有需要进入更深的催眠状态时，指示他："现在我会把你的右手举起来，保持在这个高度。等一下当我把你的手臂放开时，你就按照自己的感觉，一点一点地放下来。你的手臂每放下一点，你的身体会更放松，心里更轻松自在。等到你的手臂回到原来的地方时，你就会进入比现在更深的催眠状态。"

然后，轻轻把手放开，看着他一点一点放下手臂。

等放下后，观察来访者的表情、肌肉是否进入更深的催眠状态，如果你不确定，可以问他："现在你的身体有没有更轻松？你的心里感受到什么？"

如果结果是更放松，你就可以继续下面的治疗了，不然的话，可以再做一次手臂下降法，或转换其他深化技巧。

(八) 搭电梯法

现在想象你置身于一部电梯里,等一下我会慢慢从 1 数到 10,每数一个数字,你都会感觉到电梯下降一段距离,等数到 10,你就会到达非常深的潜意识,进入非常棒的催眠状态。

现在想象你置身于一部电梯中,这是一部通往高层潜意识的电梯,当我慢慢从 1 数到 20 的时候,你就会上升到具有无穷智能的高层潜意识,然后你所期盼的答案就会自然浮现在你的心上。

现在想象你置身于一部电梯中,电梯的仪表板可以显示公元年代,现在是 2020 年,你看到数字了吗?好,现在,我会慢慢从 1 数到 10,电梯会停止,然后你看看仪表板的数字,就会知道你回到哪个年代。接着,电梯门自动打开,你走出去,就回到那段以前的记忆了。

(九) 触摸引导深入法

让来访者躺下,把身体调整到最舒服的姿势。

告诉来访者每触摸他一下,就数一个数字,每数一个数字就进入到更深的催眠状态,一般以来访者不太敏感的部位为好,尤其是异性之间一定要把握分寸,最好有他人在场,数数以数到 20 为最好,引导词可随机应变。

(十) 时光回溯引导法

也许,你已经进入了一团充满柔和的白光隧道,在你眼前,可能接着会出现一些蓝光、紫光、金光,或是五彩缤纷的光,你的心情宁静无比,好像从来没有这么轻快、愉悦过……

现在,我会慢慢从 1 数到 10,当我数到 10 的时候,你的潜意识会自动引导你回到过去某一段时光,一个对你来说具有关键影响力的事件,也许是你的前世,也许,是你的童年,也许是最近的时候,总之,潜意识会自动引导你。当我数到10的时候……

无论你看到什么，想到什么，都请你像记者在现场实况转播一样，把它轻声说出来。说出来以后，你就会觉得心情很好，很多负面情绪就会释放掉。

然后慢慢从1数到10，并且观察来访者的表情变化。保持沉默，静静观察，暂时什么都不做，看看来访者的情绪可以自发地释放到什么程度……如哭声停止后，可开口问来访者，"刚刚发生了什么事？"等叙述完后，接着引导来访者重新把这个事件经历一遍……看时间差不多，是结束催眠的时机了。

（停顿三分钟左右）

伴随着你的深呼吸，你穿过一个黑暗的管子，这是一条时光隧道。

你觉得身处在一片由黑色逐渐变成白色的迷茫里。一会儿，白雾散尽。你走进了一个仙境……

你回到生命的源头，这里是你出生的地方，满山遍野都是青青的草，还有些你不常见到的鲜花，这里充满了宁静、甜美……

你突然发现自己的身子是晶莹通透的，没有重量，也没有任何沉甸甸的感觉。你任意地向上、向左、向右飘忽着，想去哪里就去哪里。所有的经验都被忘却了，抱怨没了，评论没了，审判也没有了。

你已经记不得自己是什么，自己不是什么，你也忘掉了自己是从哪里来的，也忘掉了自己原本打算去哪里。你随着和煦的微风任意地飘浮着……飘浮着……深深地、缓缓地呼吸……

哦！你发现生命原本是这样的轻松……一阵轻风从你通透晶莹的身子穿过，你突然捕捉到一个信息：一个人只要拥有纯净的意识，就能进入自己心中神圣的殿堂，那个雄伟殿堂的中央宝座上，就坐着你自己！你坐在宝座上鸟瞰着整个宇宙，无数个行星在你的脚下飘浮着……

你开始感觉这纯净意识是从哪里来的。哦！你悟到了：纪律性的注意力，可以提升我们的意志力，意志力又可以掌控自己的意识。只要掌控了我们的意识，就能主宰我们自己的命运、自己的未来！透过意志力，我们经历了一个显现的意识，一个潜伏的意识，又进入了当下纯净的意识。这就是生命源头的意识！

在生命源头的意识里，你充满了无限的创造力。你不再被界定。因为你相信你是不可能被界定的。你沉浸在无限宽广的意识海洋里。

你是生命的创造源头，你可任意地消除一切自己不想要的。你可以创造你自己想要的。这一切，只要自己做个简单而又轻松的决定。

是我们自己的意识，创造了我们的当下！只有我才能使我自己快乐。只有傻子才寄予别人能给自己快乐。我的快乐和微笑，能为这个世界带来一份温馨，一份爱意！我的觉醒能为整个世界的集体意识带来一束冲出黑暗的烛光。

深深地呼吸，缓缓地呼吸……

你现在真实地感悟生命，所有的思考都随着呼气被排除在体外。你尽情地享受。

享受着活着真好的感觉，"我很高兴我是我"！

活着就是爱！你的慈爱能量在你心中无限地膨胀着，什么都没有了，只剩下包容与爱！这是一种无法言喻的感觉，爱是给予！爱是绝不需要丝毫的回报，就像太阳给予人间的温暖……

你怀着对万事万物的爱，继续深深地呼吸着，你那晶莹通透的身子徜徉在爱的怀抱里，持续地享受着静心与爱……

你将把你所得到的关于爱的信息让你身边每个人都能感悟到……从你而渗透出的爱，让所有你身边的人，所有你能接触到的人，得到分享与关爱……直到永远……

继续深深地呼吸、缓缓地呼吸……

感觉一下，你现在正处于的位置……

你坐在这间宽敞的大屋子里，你的身体开始向上轻轻地腾飞起来……

你离开你的座椅，浮在半空中……

你晶莹通透的身子穿过了建筑物的屋顶……

你头顶着蓝天向上飘浮着……

你的双臂向两侧尽量地伸展着……

继续深深地呼吸、缓缓地呼吸……

在你的脚下……你的身体仍然向上飘浮着……

美景在你的脚下……

你向上飘浮着……你的双臂向两侧尽量地伸展着……

×××区在你的脚下……你向上飘浮着……

×××市也在你的脚下……

×××省（自治区）在你的脚下……中国在你的怀抱中……

继续深深地呼吸、缓缓地呼吸……

你的身体仍然向上飘浮着……

你的双臂向两侧尽量地伸展着……

整个东方在你的脚下……

整个亚洲在你的脚下……

你向上飘浮着……

太平洋在你的脚下……

整个地球在你的脚下……

继续深深地呼吸、缓缓地呼吸……

你向上飘浮着……

你的双臂向两侧尽量地伸展着……

整个地球在你的怀抱中……

整个太阳系也在随着你的上升逐渐在你的怀抱里……

你的身体仍然向上飘浮着……

你的双臂向两侧尽量地伸展着……

你拥有整个银河系……拥有整个宇宙……

继续深深地呼吸、缓缓地呼吸……

解除催眠引导语：

好，现在，我们即将结束这次催眠。

刚刚在催眠的过程中，你所体验到、感受到的，都会清楚地记忆在你的脑海里，任何时候你都可以回想起来，并且得到很大的启发、很多的帮助。

下次当你再度催眠时，你一样会很容易进入催眠状态，甚至进入更深、更棒的催眠状态，而且有很大的收获。

现在，你开始感觉自己向上飘浮，慢慢往上飘，身体慢慢往上飘，往上飘，往上飘，飘浮在很高很高的天空，全身都很放松，很舒服……

现在，深呼吸，在你的眼前，出现一颗巨大的水晶球，这颗水晶球清澈透明漂亮，从它身上放出柔和舒服的能量把你包围住了，水晶球源源不断地为你补充无穷的能量……

保持深呼吸，你就像一个正在充电的蓄电池，尽情吸收来自水晶球的无穷能量，使你的精力越来越充沛，活力越来越旺盛……

现在，继续深呼吸，尽情吸收来自水晶球的能量，你的身体会越来越健康，你的心理会越来越平静安详，你觉得自己越来越有信心面对所有的事情，你有能力做好任何你想做的事情……记住！你会一天比一天更好。

结束催眠阶段引导词：

当我从十倒数到一的时候，你将会睁开眼睛，回到现实世界，恢复正常状态。然后，你会完全清醒，感觉舒服无比……

十——慢慢醒来，觉得身心都很舒服……

九——越来越清醒了……

八——慢慢地恢复身体正常的感觉……

七——越来越清醒了……

六——你内心平静、安详……

五——越来越清醒了……

四——你觉得全身充满了力量！

三——越来越清醒了……

二——就要醒来了，感觉很棒。世界因为有了你——而感到不同！

一——当你完全准备好时，你可以睁开眼睛，揉揉你的双眼，揉揉耳朵，擦擦脸，做个深呼吸，让身体动一动，你完全清醒了。

相关书籍推荐：魏斯《穿越时空的心理治疗》《前世今生》

第六章
NLP 心理治疗

一、基础理论

神经语言程序学（Neuro-Linguistic Programming，以下简称NLP），首创于1970年的美国，NLP的发展源自它的创始人约翰·葛瑞德（John Grinder）与理查德·班德勒（Richard Bandler）对精神疗法和人类行为的兴趣。

NLP是"神经语言程序学"的英文缩写，也意译为身心语言程序学。

N = 身心，N（Neuro）指神经系统，意译为身心。这里指我们的身心素质、结构与状态。

身心包括两方面：（1）身：身体素质与状态。（2）心：心理素质、结构与状态，如性格、心态、习惯、能力、观念等。

L = 语言，L（Linguistic）是指语言，也指沟通。这里指的语言或沟通都是广义的，这里的"语言"是指你与自己及外界沟通的各种方式。

P = 程序，P（Programming）是指程序。它的意思是具体的、步骤清晰的方法。在前面，我们谈到身心与语言。我们就是通过语言来影响自己与他人的身心。同样，他人也通过语言来影响我们。这个影响的过程，NLP称为程序。

NLP就是我们用冥想和语言来改变身心状态的具体方法。它的创造人找到一些卓越的人，研究他们有一些怎样的程序，总结起来，然后教给其他人。并相信，其他人如果能掌握这些程序，也可以获得成功。

举例来说，我们可以学会用特定的冥想内容（这也是一种语言），来让自己变得积极主动（这是一种心灵的状态）。也可以改变自己对经验的感受（这是一种心灵状态）。

同理，在不断地学习 NLP 的过程中，你会发现，我们只要改变自己的动作、想象、内心对话、想法等语言方式——事实上也就是我们的感官（视觉、听觉、触觉、味觉、嗅觉）的运作，我们就可以改变自己的感受、观念、行为、习惯、性格乃至命运。

我们把这一个连锁反应称为"NLP 命运连锁方程式"，即语言→感受→观念→行为→习惯→性格→命运改变。

二、身心的运作机制分析

1. 身心是相互影响的。改变其中一个，另一个也改变了。

2. 我们的视觉、听觉、触觉、味觉、嗅觉是我们认识自己与世界的途径。

我们通过看、听、接触、闻、尝来了解世界。

我们通过图像、声音、感受来保存我们的记忆。

只要改变我们输入、处理、保存经验的方式，就可以改变我们的观念与感受，进而改变我们的行为、习惯、性格乃至命运。所以，我们的感官系统（视觉、听觉、触觉、味觉、嗅觉）是影响心灵的重要单位。

3. 身心的另一个代名词是：神经链。我们的经验、自我认定、信念、价值观、规条、习惯、性格、心态等都是一个神经链或众多神经链的组合。改变神经链的方法就是 NLP 的"语言"。当然，身心或神经链，只是说法上的不同，我们可以选择自己习惯的说法来用。

4. NLP 关心的是"形式"而不只是内容。具体来说，我们生活中，往往会强调类似乐观、坚强、热情等品质的内容。NLP 是关于要形成这些品质，需要什么样的做法。

三、常用操作技巧

（一）改变视觉经验元素

我们不能改变已经发生的事情，但事情带给我们的情绪效应，我们可以通过改变构成记忆的经验元素而改变它。这样，不好的情绪效应，例如害怕、内疚、焦虑、哀愁、愤怒、担心、沮丧、忧郁等，我们可以把它们减低。

状态调控：

"做几次呼吸放松后，闭上眼睛，回到一件困扰你的事情（比如一次失败的比赛），你看到、听到当时发生的一切，感受一下自己的情绪。"

"回想当时场景，把所见景象放入一个电视机的荧光屏上。想象电视机是放在一张带有轮子的四条腿的桌子上。试着把桌子往左边和右边推推，看看把桌子推往哪一边你会感到更舒服。"（等待回答）

"继续往你舒服的方向推，找一个让你感到最舒服的位置。找到的时候把电视机放在那里，并且点头示意我。"

"在这个位置，也有上、中、下三个位置，找出电视机在哪一个位置你会感觉更舒服，然后示意我。"（等待回答）

"现在看看电视机的荧光屏，上面的景象，是像电影般的动画，还是静止的照片？（若是静画，跳至下一句；若是动画，跟随这里说下去。）用你的方法，把动画速度调慢，直到完全停止成为静画，看看这样你是否感到更舒服。"（等待回答）

"现在告诉我，荧光屏上面的景象有没有颜色，是否彩色的？（如果来访者回答没有颜色，或者只有黑白色，跳至下一句；若回答有颜色，跟随这里说下去。）好，把荧光屏上的彩色，由鲜艳调淡，再由淡调至只有黑白色。看看这样你是否感到更舒服。"

"现在看看，荧光屏上面的景象清晰吗？加上一块滤光镜片，让景象变得更模糊一点，看看这样你是否感到更舒服？"

"今天的天气不好，刮风了，所以荧光屏上出现雪花、鬼影、跳动等，你仍能看到那些景象，但是已经很模糊了，看看这样你是否感到更舒服？"

"这部电视机有多大，是几英寸的？现在把它缩小，直到它缩为手机荧光屏大小。看看这样你是否感到更舒服？"

"接下来把这部电视机推远，看着它越来越远，看看这样你是否感到更舒服？"

"现在，你可选择，当它到最远的地点时，使之坠海或升空而至消失。选择让你感到更舒服的方式。"

（二）结束创伤事件的技巧——把意义储留心中

在心理咨询过程中，来访者有时不愿把一些过去发生、使自己伤痛的往事放下。这是因为这些人和事对来访者的潜意识来说，有着很大的意义。

这样的来访者，是把事情本身的记忆、事情的意义以及事情所带来的情绪三者纠缠在一起，并且以为它们不能分开。这个技巧可以把它们一一分开：不良情绪消失；意义储存在心里，帮助自己在未来的路上走得更好；甚至可以清楚地在内心平静地回忆。

当来访者在咨询过程中表现出一定的阻抗时（比如：不能把事物推向过去的位置、不能推远等），引导来访者看着那件事情，问来访者："里面是否有一些重要的意义或者学习，对你未来的人生会很有用的？""你是否可以在这次事件中有所学习，事后因为有了这些经验，你以后能够更好地保护自己、照顾自己，让自己的人生更成功快乐？"

当来访者回答"是"时，引导来访者说："现在我想你用你的方式，把这份意义或学习从事情里分出来。同时伸出右手，把它接在手上，感觉一些它的重量在手中的感觉。现在慢慢地把手按在你的胸口，将这份意义和学习融入你的心中，感受一下这份意义和学习进入内心的感觉……这份感觉舒服吗？……好！你现在做几个深呼吸，每次都大力吸气，感受一下这份舒服的感觉扩大、变得更暖热的感觉……就这样再做几个深呼吸，直到你感觉到这份意义等已经融入身体里的每一个部分，以后都会与你一起帮助你，支持你。"

最后谢谢潜意识的支持和帮助。

（三）增加孩子自信心的方法

1. "燃烧法"，彻底消除潜意识里积存的消极自卑神经链。

在想象中，把一些负面的、不想要的意象烧掉。烧掉的方法有很多种，比如，想象把那些表象放进了大火里；或者想象把要去掉的表象装进了一个纸箱里，然后把纸箱点燃了；还可以想象那个表象飘浮到了空中，然后被雷击中了、燃烧了……总之，你要去掉的某一个或某一些表象被火烧掉了，于是那个或那些表象就会真的在你的潜意识里消失。

这样，去掉某一个或某一些消极负面的神经链。

值得注意的是，应用了NLP"燃烧法"之后，一定要用一个积极正面的表象覆盖在燃烧表象上，这样才能让那些消极负面的表象消失得更彻底。

2. "电视剧法"，就是想象自己正在看一部电视剧。

这部电视剧里的正面主角就是自己。正面主角身上所拥有的特质正是自己非常渴望拥有的某些素质或能力。剧情任由自己去想象、发展……每一个镜头和情节都要突出自己身上的那些特质。如此这样，就会不断地把那些特质深深烙印在自己的潜意识里，并形成具有较强影响力的神经链。

这部电视剧最好是较长的连续剧。你若能每天都看，并且每天都能看到更精彩的情节和自己更精彩的表现，那么你在剧中的形象就会投射到现实生活里，你就会真的变成剧中你所扮演的人物。

这个方法是建立、加强和巩固积极正面的神经链的方法。经常运用这个方法，便可以在潜意识里重塑一个非常理想的自我形象，于是现实生活中的自己也会变得越来越完善。

3. 给新创建的自信的神经链安装"触发器"。

"电视剧法""燃烧法"已经消除了你潜意识里消极自卑的神经链，并建立了积极自信的神经链。为了让这些积极自信的神经链充分发挥作用，需要在这些神经链上安装一个"触发器"。"触发器"起到时刻提醒、引发那些积极自信的神经链处在活跃的状态，从而使你时刻保持积极自信的心态。

这个"触发器"可以是视觉的。比如，它是一个图形，或一样东西，或一些文字……总之你一看到它，就会想到和启动那个自信的神经链。

这个"触发器"也可以是听觉的。比如，它是一首乐曲，或一句话……总之你一听到它，就会想到和启动那个自信的神经链。

这个"触发器"也可以是触觉的。比如，你一握拳头，或一跺脚，你就会想到和启动那个自信的神经链。

4. 检验调整效果，可以让一些人当观众，然后让孩子当众通过说话、神态语言、肢体语言等展示自己自信的新风采。

5. 加强和巩固新创建的自信神经链。希望你经常用内感官看一看你演的那个"电视剧"，这样就会不断地加强和巩固潜意识里那些积极自信的神经链。

(四)"借力法"之撒金粉法

1. 想象出一个你很认可、很敬佩的人。（我们称之为力量原型，我习惯于想象足球明星德罗巴，有的来访者选择很优秀的表哥、美国队长，有的选择海贼王等，都可以。)

2. 他站在不远之处，向他要求借取这份能力，并且向他保证说："我想请你与我分享你的能力。我向你保证，你与我分享你的能力后，你的能力不会减少而只会增加。我需要你的帮助，可以吗？"

3. 来访者会得到力量原型的同意。

4. 力量原型从口袋里掏出一把代表这份能力的金粉。

5. 引导来访者想象被借力者向来访者扬手撒出那些金粉："想象这金粉像雪花般降落在自己身上的每一处，尤其是头顶和双肩。这些金粉越落越多，然后，你开始感觉那些像雪花般的金粉开始融化，进入你的身体。感受一下这份力量进入自己身体里的感觉。"

6. 引导来访者，大力吸气以加强能力在体内的感觉，做数次这样的深呼吸，然后想象那股能力已经粘贴在身体里的每一处，以后这份力量会一直储留在身体里，随时可以运用。

（五）与内在的自己沟通

1. 找一处宁静、舒服的地方坐下来。深呼吸、放松。

2. 把注意力集中在体内潜意识之处，对他致谢，"感谢你，请你允许我与过去成长过程中的自己沟通。请你让这个成长中的我（小孩）呈现出来"，呈现出景象和声音。

3. 如果一时间还是看不清楚，就说："无论你是什么样子，我都会无条件地接纳你。"

4. 对小孩说："我就是你多年后的样子。这么多年中经历了很多学习和成长，现在回来帮助你，给你支持，给你保护，让你更开心、更成功地走你未来的路。"

5. 若感到他有自责的话，对他说："这不是你的错。经过这么多年的成长，我们已经掌握了很多更加有效处理事情的能力和技巧。当时的你尚未学会这些技巧，你只可以凭当时拥有的知识和能力去处理每一件事。事实上，你已经做得很好，看看我们现在的情况便是证明。当时你拥有好奇心，有活力，想突破，想更开心、努力地活每一天，想帮助自己，想保护自己。你很优秀。你拥有成功快乐成长的资格和能力，你也值得保护自己。"

6. 如果感到他有责怪别人（比如父母）的心态，对他说："妈妈当时没有学过怎样去做她当时的角色，她只可以凭当时拥有的知识和能力去做出当时最好的行为。妈妈当时也是为了我们能过得比她好，不再重复她的苦日子。我们现在能够明白很多妈妈的好意，虽然我们还不能全部明白。其实，这些遭遇都是成长过程中让我们学习一些事情的推动力，我们这么多年的成长便证明了这点。知道这样的教育方法是错误的，不能用在将来的孩子身上，也不能用在女友或者朋友身上。你拥有获得成功和快乐的能力，更好成长的能力。"

7. 如果你对小孩感到反感抗拒，或者小孩感到内疚，无法面对你的眼睛，对他说："你是无辜的。你当时很辛苦，没有人教你很多你今天懂得的东西，也没有人给你足够的帮助和启发。无论怎样，你都在尽力地学习和成长，你不断在努力使自己成长得更好，使今天的我们能够掌握如此多的知识和能力，能够享受人生中这么多的一切。谢谢你！"

8. 看看小孩，想想他那时的寂寞、彷徨、无助甚至害怕，同时想想他那样勇敢、努力，再想想他的一分好奇、爱心，想与人接触、想好好地成长的生命力。对他说："我理解你当时的感受，感谢你一路对我的支持，我钦佩你的生命力，你充满活力，脸庞清秀，你的眼睛这么清澈，请看着我，现在我学到了更多的知识和技能，能给你支持，我同时需要你，我张开臂膀，让我们融为一体，更好地走未来的路。"

9. 让他向你说话。在对话中找寻出可以互相接受的肯定与认同，直到相互都感到完全的宽恕和接受。（过程中不断地去发现——小孩有什么变化，小孩的表情与身体语言的变化，直至小孩平静，有正面、安心的感觉，甚至笑容，可以眼望自己。这个时候给自己一些时间。）

10. 当感觉已经准备好以后，现在看着小孩，伸出双手，对他说："让我们合二为一。过去这么多年的迷茫、摸索、不安、内疚，现在都已经成为过去了。感谢你为我做了那么多，我的成长是因为有你，我会用这一份多年发展出来的能力保护我们，照顾我们。我们以后再也不会分开，一同快乐成功地在人生中前进。"

11. 脑海中，让小孩一步一步走过来，终于，他接受了你的双手，你们拥抱在一起，感觉你给他的力量使他放松、安定，有自信，没有了恐惧、彷徨。感受一下你们合二为一的力量，那份力量使你更为完整，更能处理人生中需要处理的事情。

以上是几种常用的 NLP 冥想的方法。目前 NLP 集大成者，香港李中莹先生的著作《简快身心积极疗法》提供了很多更详细的技术，有兴趣的读者可以看看。

关于使用中的两点提醒

优势：对部分人群很有效，同时可以和原型叙事疗法等结合，产生良好的治疗效果。

劣势：单独使用时，由于对过往创伤挖掘不足，可能会有治标不治本的情况。

注：以上内容摘自李中莹老师著作。

第七章
海灵格家庭排列

香港一中年男子叫"大树",他此时非常的焦虑和痛苦。他的妻子经常身患重病,儿子也总是在外打架闹事,咨询师多次与其妻子和儿子进行心理治疗却一直没有效果。后来深入了解后,发现其家中问题的根源来自中年男子本身。大树在童年时,父母亲相继离世,他非常爱自己已经过世的父亲,在潜意识中想要"跟随父亲而去死",他的妻子和儿子在潜意识层面感知到了男子求死的欲望,潜意识地"作践自己",想将男子的注意力转移到"照顾妻儿"身上,以此来呼唤男子的生存意志。经过家庭排列后,让大树和他已故的父母做一个完整的"道别"。之后,妻子病情渐渐稳定,慢慢恢复健康;儿子也不再寻事打架,成了个正常的学生。

这个案例是要引出一个"假设",我们个人的命运和整个家庭系统有关系吗?注意,只是假设。大胆假设,小心求证。

一、遗传学的新角度

1987年,斯坦福大学的细胞生物学家利普顿做了几个实验,他证明了从环境发出的信号能够通过对细胞膜的影响,从而控制着细胞的行为与生理机能,进而激活或者抑制某个基因。

利普顿提出:"母亲对环境的焦虑、害怕、愤怒、关爱、希望等多种情绪感受,它们会从生化特征上改变后代的基因表达。在怀孕期间,母亲血液中的营养物质经过胎盘壁来滋养胎儿,在运输营养的同时,母亲也会释放一些尤其情绪产生的激素信号,这些化学信号会激活细胞中特定的受体蛋白质,从而触发大量的生理代谢及行为变化。这种变化不仅出现在母亲体内,也发生在胎儿的身上。"

也就是说,当母亲怀孕要生孩子的时候,她所传递的绝不仅仅是营养,还包括她对情绪的反应。进一步的研究发现,当外祖母怀着妈妈的时候,外祖母过往(包括童年)遇到负面情绪的时候,部分较强的负面感受会沉淀在妈妈的卵子细胞内,进而带到孩子的身上。

我们再讲另外一个案例:一个小白鼠的实验。

无差别地分出两组小白鼠,实验组和对照组。让实验组在刚出生时,就跟母亲分离;对照组则正常成长。两组对比发现,实验组的小白鼠,比对照组变得更加焦虑。然后两组小白鼠再各自交配,互不干预;焦虑的小白鼠和正常的小白鼠,各自生产出了二代小白鼠。

对这些"焦虑小白鼠二代"检测的时候发现,那些新出生的小白鼠天然地就带有抑郁的症状,这个抑郁的症状不是它们所经历的,而是它们的母亲在出生时的分离焦虑的体现。

由于小白鼠的基因表达和人类99%的基因都是一致的,这个实验比较有代表性。

另外我们再讲一个对人类的研究。

以美国影响极大的"9·11"事件为例。"9·11"后,人们对当时的很多孕妇进行了一项研究,发现很多孕妇出现了"创伤性的应激障碍"的症状,就是PTSD,然后对所有这些"受创伤的孕妇"和"没有受创伤的孕妇"的胎儿进行DNA对比,发现有16种基因表达都是不一样的。就是说,"受创伤的孕妇"生出来的孩子,他们所出现的状况和其他正常的孩子完全不一样,有16种基因表达不同。而且这些孩子的皮质醇水平都很低。皮质醇水平低带来的后果就是,外在同样的痛苦,在这些孩子身上会被放大、加剧。孩子没有经历过"9·11",他只是在妈妈体内经历的"9·11",但是创伤依然在。

(一)理论基础

"家庭系统排列"(Family Constellations)是心理咨询与心理治疗领域一个新的家庭治疗方法,由德国心理治疗师伯特·海灵格(Bert Hellinger)研究发展而来。通过现象学探究问题的引发根源,呈现隐藏在现实背后的影响因素。在心理治疗方面多应用于家庭治疗。实事求是地说,目前这一疗法还很难确定为"科学的",因为它无法证伪,但是在我多年的实践咨询中,经常会用到它,能解决实际的问题。

通过个案代表的方式呈现出来我们当下的状态,进而能够帮助人去取得系统里隐藏的资料,因而对事情的处理有更清晰的了解。在心理治疗方面,能够把一些深层的家族困扰找出和化解。

多数人的身心问题,其实都是"牵连"造成的。"牵连"可以说是"重复着一个之前的家族成员的命运"。很多"牵连"的开始,是儿童早期凭着对父母单纯的"盲目的爱",企图接过父母的问题引起的。用当今精神分析理念来说,是一个人没有顺利完成与父母的分离造成的。在一个家庭中,这种未完成的分离还可能是家族中一连串的"牵连"关系。"牵连"会使一个家庭成员从幼年开始就产生不能理解的思想、情绪、行为以及人际关系欠佳、疾病和心理问题,并延续在其生命中。

这些隐藏的动力影响或控制着我们,而我们又难以觉察它的存在,但我们可能实实在在地因没有尊重它而感受到伤害。因此,我们可从这些伤害中知晓它的存在。我们通过排列呈现出来,继而找出创伤处理的可能。因此你我都不是单独的一个人,在系统里有个巨大的力量让每个人相互连结、相互吸引,在系统内每个人都相互影响着彼此。

注意,系统中包含着有血缘关系、没有血缘关系的各种人。

【有血缘关系的人】

血缘关系里面的人包含了我们自己、兄弟姊妹、父母、父母的兄弟姊妹、祖父祖母、外公外婆、曾祖父曾祖母，外曾祖父外曾祖母。

这些跟我们血脉相连的人都是我们系统中的重要关系人。

【系统中没有血缘关系的人】

1. 让出位置的人

从系统里面我们观察到，让出位置给后面的人进来的人也属于我们的系统。

所谓让出位置的意思就是，前面的伴侣让出位置给后面的伴侣进来，这前任的伴侣就属于我们的系统。前任伴侣包括我们的父母、祖父母、外公外婆的前任伴侣。

2. 发生杀害、谋杀或是意外等与生死、加害被害有关的事件。

跟生死事件相关的事件也会让对方跟我们的系统产生关联。不管是害死对方或者被对方害死，这些事件都会让系统产生关联。

3. 不当得利

当我们获得巨大的利益，或者是别人从我们这里得到巨大的利益，彼此之间就会产生一种纠葛。比如系统中的曾孙从曾祖父那里继承了庞大的遗产，可是曾祖父的钱是卖鸦片赚取的暴利，这些利益造成许多家庭有伤害事件发生，当这些庞大利益留传下来，继承这些财产的往往都会付出一些代价。

（二）实践操作

1. 做排列时，咨询师会先找一群人，人数略多于当事人原生家庭的重要成员。这一群人围坐成一大圆圈。

首先，心理咨询师会要求来访者说出他的困扰，然后咨询师要求当事人走入圈中，选出一些代表家庭系统中某些角色的"代表"，并且凭当事人自己的感觉把这些"代表"安置在圈中。这些"代表"将任由当事人摆布而决定各人站立的位置及方向。这些"代表"包括一人代表当事人本人。当事人无须说出各个角色的任何资料。把"代表"安排好后，当事人退出，坐在圆圈上自己的座位中，准备旁观整个过程。

2. 个案开始时，请来访者选一个人代表他父亲、一个人代表他母亲、一个人代表他自己，然后也许再选其他人代表这个家族系统里的其他重要成员。之后可能会加进更多人。当事人就握着每个人的双手，按照直觉将他们带到房间里的某个位置。他这么做时不说话，将每个人放到房间中他觉得"就是这里"的点上，看他要他们面对什么方向；不用叫代表采取任何特定的姿势、手势，也不用说话。每个人只要站在当事人将他们放置的位置上就行了。如果是一对一的个案，没有其他人在场，咨询师会使用不同的方法来代表家族成员——枕头、椅子、纸片等。来访者一旦把家族排列好了就坐下，如同无为的观察者般在旁观看。代表们被排列在房间特定的位置之后，家族成员个体间的某种关联就开始浮现出来。咨询师在当事人家族系统形态的问题暴露后，了解其根源，然后可以开始朝化解前进。咨询师跟着走入圆圈中"代表"的身边，询问他们的感觉。这些代表会感受到所代表的角色本人的真实和准确的感觉、思想及体验。咨询师然后用说话及改变"代表"站立位置和方向去改善情况。

治疗师会问代表站在这个位置上有什么感觉，并帮助代表在系统中找到更和谐的新位置。

3. 在这一过程中各"代表"不断说出感觉、思想及体验的变化。当整个系统找到理想的情况时，各"代表"便都会感到放松及平静。被选中的"代表"无须做任何事，只要放松和不去刻意地思考，就让内心涌出感觉和景象，并且告诉咨询师，"代表"们的情绪感受和景象描述，往往便指出很多问题背后的原因，再加上咨询师引导"代表"们改变位置和与其他"代表"说一些话，很多世代相传但深藏不自知的问题便变得清晰并被化解掉。旁观的当事人在整个过程中会因此而掌握新的观点，对系统中各人之间的问题及解决办法会有清晰的了解。

以下是两种最基本的态度：

1. 与感觉联系："感觉"和理性分析不同，更多是潜意识层面的能力。家庭系统这个"场"，能够给我们的就是不同于自己本身的"感觉和情绪"。

在排列中，咨询师往往会直接引导说："下面，我们可能会有一些特殊的感觉，这种可能不是属于我们自己的感觉。此时，可以假设我们每个人是一台收音机，接收着一些不同于自身的信号。完全放松，不要有任何的排斥，全然地把那份感觉呈现出来。"

当我们自身和整个"场"的感觉联系在一起，咨询的效果就可以慢慢地出来了。

2. 放弃自己的固有想法，尊重家庭系统的"场"中的画面的呈现。

心理咨询师在主持一次系统排列的过程中，要尽量避免自己有主观判断的态度。海灵格强调："系统排列的结果不能凭导师的意愿而被制造出来""我们只能呈现系统本身的情况。"

咨询师只是在制造一个空间，让系统自己把人、事、物之间的关系呈现出来。

1. 生而为人，在家族中就有他的位置。

在家族的祖先长辈之中，任何人如果发生丑闻或者意外，不能将其排除在外，不以道德批判，必须在家庭排列中给他这个位置。

2. 先进入者要优于后进入者。

3. 有些人不能被遗忘，需留在家庭系统之内，但还有一些人是需要移除在系统之外的，例如杀人犯。

4. 不是对来访者本人进行处理，而是选个代表来搭建一个临时的场所处理，这个代表最好是人，但如果在人少的情况下选择物体也是可以的。

5. 除了人物之外，在集体潜意识阶段，疾病、疼痛、恐惧等其他具象都可以加入代表。

6. 当现场排列情况陷入困境时，可以加入虚拟角色来观察情况，例如未来可能会出现在家庭系统中的新人物：下一任配偶或者孩子等。

7. 现场排列时，如有代表总是低着头看地面，一般都是看见一个死人，需要用其他代表来加入家庭系统中，做出处理。

二、家庭排列的操作语言

（一）爱与接纳的引导语

引用一个案例来说明重要的解决语句：

一位患有乳腺癌的女士，对着想要追寻已阵亡的第一任丈夫去死的母亲说："请留下来，而且如果我留下，请祝福我。"

这位女士对着母亲的第一任丈夫，同时指向她的父亲说："这是我的父亲，他对我来说是那个对的人，我跟其他人没有任何关系。"

然后她指向她的母亲，说："这是我的母亲，她对我来说是对的那个人，如果我留在我的父母身边，请你友善以对。"

然后这位女士对着她早逝的姐姐深深地鞠躬，并说："亲爱的姐姐，你是第一个，我是第二个，我尊敬你是我的姐姐。我还要继续留下来一段时间，然后我也会死。如果我还要继续留下来一段时间，请你友善以对。"

这位女士对着她的儿子说："我还要继续留下来一段时间，如果你留下来，我会很高兴。在你身上我也尊重并爱着你的父亲。"

这位女士对第一任已分手的丈夫说："对不起。"

这位女士的儿子对着其父母家族中的过世的所有人鞠躬，并说："如果我留下来，请友善以对。"

儿子的母亲有一个男友，他替代了儿子父亲的角色。儿子要对着父亲说:"你是我的父亲。我跟我母亲的男友没有任何关系。你对我来说就是那个对的人,而我是你那个对的孩子。"

然后儿子对着母亲,同时指向父亲说:"这是我的父亲。他对我来说是对的那个人。我跟你的男友没有任何关系。"

儿子在父亲面前跪下说:"父亲,我尊敬你。你是大的,我是小的。你施与,我接受,亲爱的父亲。"

这位女士对着患有同样遗传病的母亲说:"亲爱的妈妈,我付出全部的代价接过它。这对我来说很值得。我从你那里用这样的代价接过它。这对我来说很值得。"

同时她在母亲面前鞠躬到底,说:"母亲,我尊敬你!"

这位女士的女儿想要替母亲承担这种疾病,女儿需要对着母亲说:"妈妈,我从你那里用全部的代价接过它。而且我尊重你作为我的母亲,你对我来说是对的那个人,而我是你那个对的孩子。"

如果这位女儿还无法赞同这些,那么她需要在母亲和外祖母的面前鞠躬到底,并说:"我尊敬你们。"

然后她对着母亲说:"亲爱的妈妈,我宁可死的人是我,而不是你。"

然后母亲对外祖母说:"妈妈,请留下来。而且如果我留下,请祝福我。亲爱的妈妈,请祝福我们两个。"

然后女儿对着母亲说:"亲爱的妈妈,请留下来。而且如果我留下来,请祝福我。"患有乳腺癌的女士对着让她受委屈的丈夫说:"对不起,我带着爱把我们的孩子托付给你。"

这位女士对着已经自杀的母亲说:"亲爱的妈妈,如果我还要继续留下来一段时间,请祝福我。"

这位女士的丈夫对她说:"请留下来。"

病况危及生命的女士说:"我来了。"

女士对着小时候不被接受而死亡的母亲的姐妹说:"亲爱的阿姨,我让你留在我父母身边。"

这位女士对着她的母亲说:"我让你留在你的姐妹身边,不计后果,我留在我父亲身边。"

然后再次对着阿姨说:"亲爱的阿姨,我在我的心里给你一个位置。"

然后她再次回到她的父亲身边,对阿姨说:"我留在这里,这是我的位置。"

然后对着母亲说:"亲爱的妈妈,我留在这里。这是我的位置。我从你那里接过它,全盘接过来。"

这位女士对产后过世的外祖母鞠躬后,说:"亲爱的外婆,后来一切都好。看,这是我的家庭,请友善地看着所有人。"

女士的儿子对着阵亡的外祖父说:"亲爱的外公。"

这位女士对她的父亲说:"我太想念你了。"

她的父母——他们对她的不幸负有责任——对着他们早逝的孩子说:"我亲爱的孩子,对不起。"

她的父母对着彼此说:"对不起。我们现在共同承担这件事。"

(二)根据不同的身份关系说不同的接纳语

1. 伴侣关系

① 接受:

丈夫和妻子都看向彼此的眼睛,每个人都对对方说:"是的,我接受你,如你所是。你对我来说就是那个对的人,你对我来说就是那个对的人,如你所是,而我爱的就是完完全全的,如你所是。请求你,请求你,请求你。谢谢!"

② 分手:

分手后他们需要看向彼此的眼睛,男人对女人说:"我曾经非常爱你,你给了我很多。我带着爱和尊重,将它保留下来。我也给了你很多,你也可以保留它,尊重它,并带着爱去回忆它。"女人对男人说同样的话。然后男人和女人同时对对方说:"对于我们之间出现的问题,我承担我那部分责任,并将你的留给你承担,现在,我给你安宁。"

③ 告别:

只要我可以,我都会留下来,只要我可以,我都会爱你,只要我可以,我都会在乎你。只要我可以,我都会留在你身边。

2. 亲子关系

① 接受:

亲爱的母亲(父亲),我从你那里接过它,一切,全部,和与之相关的一切,以及全部的代价——你已经付出的,和我要付出的。我会从中做一些让你快乐的事。它并非徒劳的,我握紧它,感到荣耀,如果我可以,我会将它传递下去,如你那样。我接受你作为我的母亲,而你也可以拥有我作为你的孩子,你对我来说就是那个对的人,我是你那个对的孩子,你是大的,我是小的,你施,我受。亲爱的母亲,我很高兴你接受了我的父亲,你们两个对我来说都是对的人,只有你们是。

我接受一切,带着爱。我已经获得了很多,足够了,我带着它过我的生活。剩下的,我自己来。现在,我给你们安宁。

② 僭越:

妈妈对孩子说:"跟你爸爸在一起,我可以做到。"爸爸也对孩子说:"跟你妈妈在一起,我也可以做到,我们这里不需要你。"

③ 乱伦:

第一种:孩子对父亲说:"我曾经非常爱你,为了你我做了一切。"另一种:孩子对父亲说:"我愿意为我的母亲这样做。"然后必须对母亲说:"我愿意为你这样做。"然后母亲对孩子说:"对不起。"父亲对女儿说:"对不起,我现在退出。"

④ 收养:

孩子对亲生父母说:"是的,我赞同,现在我永远地抛弃你们!"孩子对养父母说:"我现在感恩并接受你们给予我的,我承认你们做的有多么伟大。"养父母对孩子说:"美好之处在于,我们很乐意为你付出这些。"

⑤ 堕胎:

母亲想象着那个被自己堕掉的孩子对他说:"我是你的母亲,你是我的孩子,现在,我接受你作为我的孩子,并在我的心里给你一个位置。"然后父亲也这样说:"我是你的父亲,你是我的孩子,现在,我接受你作为我的孩子,并在我的心里给你一个位置。"

⑥ 分离:

第一句:宁可消失的人是我,而不是你;第二句:亲爱的父亲(母亲),哪怕你离开,我也会留下;第三句:亲爱的父亲(母亲),如果我留下来,哪怕你离开,也请你祝福我。

(三) 自我疗愈的语言示例

① 排斥父母的情况:

我很抱歉一直以来我总是离你那么远,每当你想靠近我时我总是将你推开。

我很难开口告诉你我有多么想念你,爸爸(妈妈),你是一个真正的好爸爸(妈妈)。在你身上我学到了很多东西。

我很抱歉之前我是那么难以相处,我一直在妄加评判,这让我一直无法真正地靠近你。

请再给我一次机会,我真的希望我们能够变得更亲密。

我很抱歉过去我一直在逃脱。我保证,我一定会让我们在共同的时光里更加亲近。

我真的很喜欢我们亲近的状态,我保证不会再让你证明你对我的爱,我不会再去期待你一定要用某一种方式来爱我。

我会接纳你用你的方式来爱我,而不是一定要用我期待的方式,哪怕在你的言语里我很难感受到,我也会努力去感受你的爱。

你已经给予我太多，谢谢你。

② 父母已去世的情况：
请在我的睡梦中拥抱我，那使我的身体不再紧绷，我会更容易去靠近。
请教会我如何去信任，并让爱进入我的内心。
请告诉我怎样去接纳。
请帮助我让我更加放开自己。

③ 未知或父母疏远的情况：
如果对于你而言，离开我或抛弃我会让那时的情况变得好一些，我能理解你的苦衷，我不会再责备你，因为我知道这只会在我们之间充满敌意。
我能够从他人那里得到我所需要的，并且也能从发生的一切中有所收获，我们之间所发生的一切是我力量的来源。
因为发生的这一切，我获得一种可以依靠的特殊能量，感谢你赋予我生命的礼物，我保证不会挥霍它。

④ 想象你的父母对你说：
我爱的是你，你不需要做任何事情来争取我的爱。
你是我的孩子，你与我是两个独立的个体，我的感觉不应该成为你的感觉。
过去我们的距离太近了，我看到了这对你造成的伤害。
努力满足我的需要，照顾我的感受，这一定让你很无力。
我的需求让你很难有自己的空间。
从现在开始我会后退，不会让我的爱给你压力。
我会给你全部你所需要的空间。
一直以来我与你的距离太近，让你不能真正地认识自己，现在我会保持距离，并开心地看着你走出这个边界过自己的生活。

你一直都在照顾我，而我也一直默许着。不过以后再也不会这样了。

对于任何一个孩子而言，这都承受了太多。

任何想要修复的孩子都会感到压力，不仅是你一个人。

现在开始后退，直到你可以感觉到你自己的生活，只有这样我才能安心。

直到现在我才能面对自己的痛苦，我将本属于我的痛苦带给了你。是时候把它们归还给我了，这样我们都能自由。

你和我的接触非常多，但是和你的妈妈实在是不够，若能看到你们更亲近，我会感到很开心，你可以让自己这样做。

⑤ 想象自己对父母说的话：

妈妈，我在这边，你们在那边。

你的感觉和你一起在那边，我的感觉和我一起在这边。

请就待在那里，但不要走得太远。

当我有自己的空间时，我呼吸得更顺畅了。

在我试图照顾你的感受时，这让我一直畏畏缩缩。

我努力地让你高兴，这实在是太累了。

现在我明白了，没有明确的界限只会让我们都看不到自己。

从现在开始，我会充实自己的生活，而我知道你就在我的身后支持着我。

无论何时我感觉着身体内在的呼吸时，我知道那是你在为我感到高兴。

谢谢你看到我，听到我。

我现在就像你一样感到孤独。我知道这些并不属于我，我知道这些并不是你想要给我的，我也知道你不愿意看到我这样痛苦。从现在开始，我会回归自己的生活中，与身边的人建立联系，以此来表达我对你的尊重。

妈妈，请保佑我和我丈夫幸福地在一起，虽然你和爸爸在一起时并不幸福。我会好好地珍惜和丈夫的感情，这样你们就能看到我可以很好，以此来表达我对你和爸爸的尊重。

（四）家庭排列操作时的接纳语

在家庭排列中需要处理时，和解者要向被和解者鞠躬，鞠躬时要诚心并且尊敬，心中默念或者直接说出以下一些话：

当家族中出现有离开或者被排除的人员时：
谢谢你，亲爱的××，我爱你。
欢迎你重新回到我们的家庭系统中。
你始终都是我们家庭系统中的一员。
因为你的回来，我们的家庭系统才得以完整。
我对你充满敬意。
因为你的离开和牺牲才有了我的位置／存在。
你的序位在我之前，你的序位高于我的序位。
现在我把这个序位还给你，谢谢你。

当家族中需要与已经过世的父母／祖辈和解时：
亲爱的××，我爱你。
终有一天我会追随你而去。
但现在我会好好地活着。
谢谢你把生命传递给了我，把我带入这个家庭系统中。
我会带着你的爱，把这份生命传承下去。
我会好好享受这份爱／生命，更好地活下去。
谢谢你，我爱你。

相关书籍推荐：海灵格《谁在我家》《爱的序位》
沃林恩《这不是你的错》

第八章
心身医学

一、概念解析

心身医学，是研究心理因素和人体健康与疾病之间关系的科学。主要研究心身疾病的发病机制。广义指研究人类在健康和疾病中的生物学、心理学以至社会学因素等相互关系的医学，实际是一种对健康和疾病的认识方法。狭义指研究心身疾病的医学，研究心理生理疾病的病因、病理、诊断、治疗和预防等问题。

心身医学的研究范畴：不仅仅限于某一器官和系统的疾病本身，也不仅指疾病的病理学；它是研究疾病的倾向性、易患性、疾病的起因、预后、病前躯体和心理方面的前驱性特征、心身相关规律。（在概念、研究范围方面有广义、狭义两种观点，迄今仍有很大分歧）

心身医学是从心身相关的基本立场出发，考察人类健康和疾病问题，试图提出"综合—整体性医学学科"，其理论基础是"心身相关原理"。

二、发展历史

在远古时期，医学是建立在人们对疾病的神魔化认识基础上的，注重祭祀、祈祷、巫术等原始宗教的方法，故而治疗疾病的人有"巫医"之称。古代和近代的西方传统医学之产生，则是人们以机械论和还原论来解释身体现象和疾病的结果,并随着人体生物学、病理学的发展,这种医学成为现今世界最普遍的医学模式,叫"生物医学模式"。抗生素的广泛使用,成为这种医学模式对人类健康事业最大的历史贡献。

心身医学科学体系确立于20世纪30年代。心身医学一词是德国精神医师亨罗斯于1918年提出的。1935年,美国精神病学家、心身医学的开拓者之一邓伯(Dunber)加以采纳,并于1939年在他领导出版的《美国心身医学杂志》的美国心身医学会加以推广。系统医学概念的形成,正是基于心身医学与"社会—心理—生物医学模式"(西方又称为综合医学模式),以及中西医学比较研究的探讨。

1948年,联合国世界卫生组织(WHO)就在其成立宣言中,把人的健康定义为"身体、心理和社会上的完满状况"。事实上,越来越多的疾病已被发现不能单纯从生理学角度去研究和治疗,除非把心理因素和社会因素也考虑进去。于是,美国精神病学家、内科学专家恩格尔(Engel)就强调,在新时代,进行医学模式的转变十分必要,即建立一种"生物—心理—社会医学模式"。这里有两个转变方向,一种是医学研究对象宏观化,注重社会宏观状况对全体社会成员健康的普遍影响,由此诞生"医学社会学";另一个方向是个体研究的系统化,即从生物、心理、社会角度全面系统地诊断病人个体,"心身医学"由此产生。

三、心身疾病的概念

心身疾病,是心身医学的研究和治疗对象。注重从整体论和生机论角度研究人体的中医,自古以来就重视心理因素对人体疾病的重要影响。中国早期医书《黄帝内经》就说:"心者,五脏六腑之主也。悲哀愁忧则心动,心动则五脏六腑皆摇。""喜伤心,怒伤肝,思伤脾,忧伤肺,恐伤肾。"中医还认为，人的得病有两方面原因——"外感六淫（风寒暑湿燥火），内伤七情（喜怒忧思悲恐惊）""百病生于气"等。

心身医学在西方诞生后，心身疾病的概念不断被完善。目前认为，心身疾病是指心理社会因素起着重要致病作用的躯体器官病变或功能障碍。对心身疾病的临床诊断有如下几个重要指标：

1. 有明显的躯体症状和体征。

2. 发病原因以心理社会因素为主，且随着病人情绪与人格特征的不同而有明显的病征差别。

3. 对该病用单纯的生物学治疗，效果不理想。

像原发性高血压、消化道溃疡、神经性呕吐、偏头痛、支气管哮喘、慢性疲劳等都是常见的心身疾病。实际上，身心疾病的发病率在人群中非常高，国内约为三分之一，国外则高达10%—60%。

心身疾病的发病过程包括心理应激（stress）和心身反应两个主要环节。其发病源叫"心理应激源"，它一般有三大类：一是灾难性事件，如地震、火山、战争和恐怖袭击等，它的人群影响范围广，刺激强度大，造成的精神创伤严重，著名病例如二战期间斯大林格勒市民的"围城高血压"和9·11事件引起的很多美国人的各种心身病症。二是个人性应激源，它与个人生活经历有关，影响范围小，个体差异大，如失学、失恋、事业受挫等，但其个人影响不可忽视。三是背景性应激源，如噪声、拥挤、空气污染、不协调的人际关系等，它能长期对人的心身健康构成潜移默化的影响。

心理应激对身体的影响主要是通过植物性神经系统、神经内分泌系统和免疫系统三个途径。植物性神经主要调控人体脏器的自主活动，包括交感神经系统和副交感神经系统。过于激动的情绪容易使交感神经过度兴奋而导致冠心病；焦躁过度的心理则易通过副交感神经引起胃酸分泌过多导致胃溃疡。心理应激反应还会导致神经内分泌系统失调，导致甲亢、糖尿病等病症。第三个是免疫系统功能的减弱，它会造成人体抵抗外界病源的能力降低，而且内部的免疫监督也会减弱，使癌细胞增殖扩散的风险增大。例如，很多癌症病症的出现，往往是在患者情绪受到很大的伤害以后。

心身医学体系中，影响健康状况的几大因素包括：

1. 每个人患心身疾病的风险状况，往往跟该人的心理特征、社会特征有关。

首先是人格上的差异。性格冲动急躁、攻击性强的人（A型人格）就很容易得冠心病；性格内向、消极且情绪不稳定的人则易患支气管哮喘；得溃疡病的患者往往有被动、顺从、过度关注自己的性格特征；性格固执，爱怨天尤人的人患偏头痛的风险较大；惯于自我克制的人（C型人格）则更容易得癌症。

2. 个人经历与体验的差异是造成心身疾病个人差异的重要因素。比如童年经历，很典型的例子是，在"重男轻女"家庭中长大的女性，生妇科疾病的概率远远高于比较宠爱女孩的家庭。

3. 还有一个因素是人们看待问题方式的差异，即如何解释应激源。有的人看问题悲观消极，有的人则积极乐观；有的人仅仅把目光停留于事物表面，有的人则善于理性分析问题并找到应对方案等，这些对一个人的心身健康状况都有极大的影响。

4. 社会支持系统则是造成心身健康差异的非常重要的一个因素。如果一个人周围有足够善解人意的家人、师长、朋友或同事的关心，那么他即使遭遇了心理的挫折，也能在别人的帮助下及时排遣内心的压力而不至于影响身体健康。相反，性格孤僻而不愿与人交往的人，由于该支持系统的弱小，不易对心理反应进行调节，久而久之就会对心理和身体都造成不良影响。

以上这些因素都相互联系、相互影响，共同导致了个人心身疾病病情的强烈差异性。比如，孤僻的人格容易导致社会支持系统的弱小，从而加快心身疾病的形成。通过有意识地加强社会支持系统，也能改善一个人的人格，从而加强他抵御外在心理刺激的能力。

5. 生存环境。对于日益增高的心脏病发病率，医学研究者们已经考虑城市拥堵喧嚣的环境在这其中起的不可忽视的作用，并开始改进心血管疾病治疗方法使其更加全面综合。

一般来说，心身医学对患者的审视和诊断是全方位的，会根据生理因素、心理社会因素在不同患者身上起致病作用的不同比例，来制定相应的治疗措施，即"心身同治原则"。对于急性发病而且躯体症状严重的病人，如急性心肌梗塞病人、过度换气综合征病人，则需以生理救治为先，以防病情进一步恶化而对身体造成严重损坏。对于更年期综合征、慢性消化性溃疡等病的患者，鉴于其症状为慢性发作，且心理因素作用强度很大，除了给予适当的药物治疗外，应重点做好心理和行为指导等各项工作。

医学的长期实践已经证明，对病人心理因素的忽略，会给医疗效果带来不良的影响。与此同时，心理学、精神病学与医学的关系变得越来越紧密。众多综合性医院已经设立精神科，精神科医生常常被邀请参加对具有精神病症状的或情绪紧张的患者的会诊。欧洲各国正在出现"万能医生"，他们同时具有治疗躯体疾病和治疗心理疾病的技术。躯体疾病和心理病症的综合性治疗将越来越普遍。看来，今后将会有这样一个趋势，临床医生越来越需要掌握心理学、精神病学和心身医学知识，精神科医生也越来越需要学会与内科医生合作诊疗。

心身医学在我国尚属新兴的边缘学科，科研发展和治疗普及程度与欧美等发达国家相比还有非常大的差距。至今，这个在欧美已经非常普遍的科学，在国内才刚刚开始。现在大学中开设这门课程的不到10个。所以，推广这种不新潮的理念，需要我们努力。

四、常见的心身疾病与治疗

（一）内分泌疾病

糖尿病 I 型

大于 70% 的 I 型糖尿病患者是由于潜意识中的安全感不足使人体内的防御体系过度扩大，细胞误伤友军，抗体吞噬了胰岛素 β 细胞，致使胰岛素产生不足，导致糖尿病。

同样，某些血小板不足引起的疾病比如白血病，多数也是与安全感不足有所挂钩。

心理治疗：此类情况下，在原型呈现中可能显现可怜的小动物或者巨型魔鬼，而在房树人的图中人物可能偏小。可用龙蛋意象或其他小动物，增加社会支持系统，催眠，赋予自己能量。

（二）呼吸系统疾病

1. 支气管炎引起的各种并发症，如哮喘

儿童哮喘：据国外数据统计，27% 由儿童短期内负面事件、部分创伤性事件（受到责骂或者玩具损坏等），以及父母的过度关注或者过度冷淡，都可能导致儿童哮喘。

成人哮喘：生活中遭遇的各种负面事件（失业、失恋等），家庭关系紧张，或者因为个人的自身性格缺陷（A 型人格居多）都会引起成人哮喘。

2. 频繁性打嗝

许多非自然打嗝行为多数是由于患者本身对现实的严重不满造成的。

3. 过度换气综合征（高通气综合征）

患者会感到心跳加速、心悸、出汗，因为感觉不到呼吸而加快呼吸，导致二氧化碳不断被排出而浓度过低，引起次发性的呼吸性碱中毒，造成手脚麻木，严重时四肢可以抽搐甚至短期内意识丧失。此类疾病 25 岁以上女性发生概率多，多数是因为患者童年缺失或者与现有家庭有所矛盾产生的。

4. 慢性阻塞性肺病

慢阻肺的表现是咳嗽、咳痰、呼吸困难且进行性加重、活动耐受力下降，最后发展为呼吸衰竭、慢性肺源性心脏病和肺性脑病。生理上主要是因吸烟或者环境污染引起的，心理上则是由于童年得到的父母关爱不足等导致的，常见心理因素还有家庭不和、夫妻吵架、童年缺失。

5. 感冒

经常感冒的人，大概率人际关系不好。亲密朋友关系（比如闺蜜、铁哥们等）不够多，造成潜意识中社会系统支持比较低，免疫力相对差，感冒频率高。

心理治疗：带来访者看"情绪的房间"，用阳光意象进行情绪处理，或者用喜马拉雅山上的雪花做意象，放松心情。

（三）心血管疾病

心血管疾病多数是因为有被压抑的心理情绪，极大的愤怒、委屈的情绪无法向外宣泄而导致的，A型人格患者偏多。

高血压、冠心病、心律失常等，以上疾病患者大多有以下心理特点：

1. 生活方式不良；

2. 安全感不足，持久的心理紧张和焦虑；

3. 好胜心强，常有恨意和怨气，爱攀比，经常有不公平的感觉；

4. 常有敌意出现，内心有窝火的感觉；

5. 短期负面事件出现（亲人离世、失恋、下岗等）。

心理治疗：面对此类患者，可以引导患者用意象去海底看火山，引发火山喷发进行潜意识里的宣泄。同时可以鼓励来访者打麻将、跳广场舞（培养兴趣爱好）。

(四) 消化系统

1. 胃出血/胃溃疡

大多数内心有以下因素：有强烈的依赖欲望、习惯用掩饰来逃避问题（怂）、遭遇创伤性事件、精神打击、极强的焦虑感。

2. 肠易激综合征

此类疾病频繁的肚子疼、拉肚子、便秘等，病情反复但原因不明，此类患者常有被压抑的愤怒情绪。

3. 便秘

经常便秘的患者多数行为上有一种通病：极度抠门。这类人往往和有过极大的缺失体验有关，生活中都经历过一段极端贫困的时期。（意象中有食尸鬼、秃鸟在拼命吃东西，吃不饱，用阳光、爱、力量去补足）

4. 反复呕吐

反复呕吐是负面情绪有进无出的一种生理上表现。

(五) 皮肤类疾病

1. 粉刺：可能有比较强的性压抑

2. 神经性皮炎

皮肤瘙痒：缺爱。

银屑病/牛皮癣/荨麻疹等：生活中过于委曲求全，敢怒不敢言，刺激性事件，过度服从，在幼儿期爱的欲求没有得到满足。

(六) 妇科疾病

女性的不孕症、乳腺癌、子宫肌瘤、痛经等疾病，大多来自潜意识中对父母有极强的怨恨，重男轻女观念严重的家庭中的女性发生此类疾病的比例更高，我国沿海地区福建广州等90%以上，国外统计数据40%以上，且代际遗传概率大。或者儿时有被送走的情况，母亲的行为不良等也可能是病因之一。

(七) 其他类疾病

过度肥胖症：由于小时候父母关系不好，经常吵架而安全感不足，烦恼无处宣泄，有一定的工作压力。（身体习惯储备脂肪，消化酶活性高，消化完立刻转化脂肪，而不是能量。）

糖尿病Ⅱ型：负面事件较多，潜意识中死本能大于生本能。

头痛/偏头痛：脑海中有两个极为矛盾、极为冲突的欲望。

腰背疼痛/不定点疼痛：责任心过度、骨子里极为讨厌目前的工作，亲密度不足。

癌症：60岁以前就有癌症的，潜意识中死本能大于生本能，并且长期有负面情绪的积累。

第九章
绘画疗法

一、概念介绍

绘画治疗是心理健康辅导和治疗的方法之一。

绘画者在绘画的创作过程中,通过线条和色彩的随意表达,将潜意识内压抑的感情与冲突呈现出来,同时,在绘画的过程中,绘画者在情绪上、心理上、感受上,将获得压抑情绪的释放、宣泄。调整情绪和心态、修复内心的创伤、填补内心世界的空白,获得释放感、成就感,从而达到较为良好的诊断与治疗效果。绘画治疗法不限制年龄,任何人都可以通过绘画治疗法获得心理疗愈。绘画艺术是一种通往"潜意识"的语言,心理咨询师可以通过绘画解读受访者的心灵密码,透析深度困扰人们的"症结",让来访者心理上得到缓解,是心理健康恢复的方法之一。

二、绘画治疗的几种方式

1. 完全凭着"第一感觉",不做任何要求的自由涂鸦。
2. 规定主题的画(如自画像、房树人等)。
3. 团体作画或者对未完成的绘画进行增补的完形绘画(如添加人物、绘画接力等)。

三、绘画治疗的原理

1. 绘画是潜意识的表达。
2. 绘画应用的是投射技术。
3. 绘画的语言丰富，内容清晰。

四、适应病症

1. 不善言谈的患者。
2. 怀疑自己口语能力的和害怕治疗师"玩他们的心理"的人。
3. 对言语治疗有阻抗的人或情况，如对谈话疗法有抵触情绪，其他方法均无疗效的。
4. 可以治疗的心理问题有：饮食障碍（如食欲减退、贪食症、冲动性饮食过量），物质滥用（如酗酒、吸毒），性虐待受害者等。
5. 有些疾病影响表达的，如自闭症、失聪、迟钝、大脑损伤、妄想。

五、优点

人类是先创造图画再创造文字的，远古时代就有壁画岩画等。用图画传递出的信息自然要比语言更丰富而自由。读图是最简单、最直接了解人的内心世界的方法，可以读出画者的性格、人格特点、人际交往能力、情绪状态、智力。画图是最有效的表达人物内心的方法，可以通过这个方法打开内心。

画者的任何一个涂鸦、画幅的大小、用笔的轻重、空间配置、颜色、涂抹等都有着特殊的代表意义，都在传递着他的潜意识里的信息，所以通过绘画是可以了解一个人的内心世界的。

六、曼陀罗绘画

我们选择"曼陀罗"绘画中的较简单层次的方法,给读者进行简单的分析。其他绘画也可以触类旁通。

曼陀罗绘画治疗是荣格在游历东方时,受太极图形、藏传图及宣卷启发而成。圆就是我们自己,不是所有的圆都是比较好的现在的自己。通过原型叙事疗法+曼陀罗绘画治疗法,让来访者可以接受自己。

(一)初级曼陀罗绘画的基本步骤

1. 画圆,然后把手放上面,看图片与你讲什么话;
2. 画图基础上做一下意象对话,潜入海底,爱与力量的源泉;
3. 意象对话后继续画第二个圆,然后感受一下两个圆之间互相的对话;
4. 再次潜入更深的海底,再画一个圆,感受一下第三个圆对第二个圆的对话,感受一下每个圆和自己的关系;
5. 想一个房子,着重注意一下屋顶和墙的颜色及构造。想象一下屋里的恶鬼(若有看到的话),把第三个圆与之靠近,说"我会无条件地接纳你,我爱你"。然后第三个圆将恶鬼慢慢包裹,感受一下恶鬼的样子;
6. 骑着海豚去太阳,从海底取得的种子在太阳上发芽,吸收能量;
7. 意象完之后再画第四个圆,与前三个圆进行对话;
8. 用X射线照射自己的全身,若感觉有暗的地方,则用第四个圆去融合;
9. 以此类推,引入不同积极的意象去塑造新的圆,用新的圆去治疗内心深处的创伤。

(二)案例实操

来访者:Malia,女,小学生

咨询老师:陆钟能(Luna老师)

先让小朋友凭感觉画第一个圆,小朋友一上来就画了比较复杂的图案,背景是天蓝色和深蓝色。她说蓝色背景是小溪和其他水,图案最中心是圣诞节的装饰物,外边一圈是垫子的感觉,还有竹子编的网,最喜欢蓝色部分,然后是红色和绿色的部分。

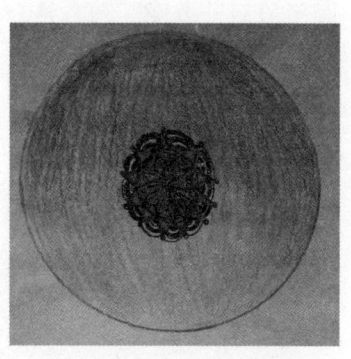

Luna 老师开始做第一段意象,引导进入海底找力量源泉。小朋友看到的力量源泉是一个手掌大小、蓝色的不规则棱柱体。在她找到之后,Luna 老师先让她吸收了一部分力量,然后就直接指引她去一个更深有更多棱柱体的力量源泉的空间。她在一个有树有天窗的空间里找到了,然后便让她沉浸在其中吸收所有的力量源泉。吸收完之后便画了第二个圆。第二个圆就是力量源泉的样子。

接下来 Luna 老师要她带着力量源泉的画去找爱的源泉。她将自己的画想象成一个有着力量源泉的水晶球,一起去找爱的源泉。爱的源泉在小

水域的尽头，有类似瀑布往下流的感觉，是一座爱的宫殿。来到爱的宫殿里，里面还有小海豚，一起在爱的宫殿里吸收爱的源泉，并一边说着爱的接纳语。一段时间后，当她出来形容完爱的源泉，又启程直接去找生命的源泉。她在一个像爱丽丝梦游仙境的地方找到了代表生命源泉的水晶球，吸收完生命源泉后，画了最后一个圆。圆心是一个在跳舞的小女孩用了她最喜欢的黑色做底部，蓝色做背景和裙子的颜色，这次还使用了淡淡的粉红色给裙子和背景填色点缀，最后还画出了蝴蝶的梦幻感。

Luna老师总结：这次曼陀罗绘画进行的效果不错，可以明显看到小朋友在画的过程中逐渐打开内心。从一上来执着于酷酷的黑色，复杂的图案，到最后开始使用粉红色并画出了少女梦境的感觉，有了很大的变化。因为时间关系，便留了作业，让她回去再画一幅爱的源泉的圆，并将最后一幅图贴在床头。

第十章
沙盘治疗

一、沙盘治疗的概念和历史

简而言之,沙盘治疗是"傻瓜"版本的荣格原型处理。

沙盘游戏治疗是由多拉·卡尔夫发展创立的心理治疗方法。

沙盘游戏,亦称箱庭疗法;是在咨询师的陪伴下,让来访者完全凭着感觉,从摆放各种沙具的架子上自由挑选小沙具,摆放在盛有细沙的特制沙盘里,完全凭着自己的感觉创造出一些场景。来访者会在不知不觉中完成自我的疗愈。实际上,大部分情况下是不需要咨询师解释来访者场景构造的,来访者摆完沙盘,也就意味着咨询结束。

沙盘游戏治疗注重共情与感应的同时,以心理分析中的潜意识理论为基础,在"沙盘"中发挥原型和象征性的作用,实现心理分析与心理治疗

的综合效果,便是沙盘游戏治疗的基本特征。

卡尔夫将"游戏王国技术"与荣格的分析心理学相结合,创造出一种成熟的心理治疗技术,以"沙盘游戏"来命名。经过多年的发展,目前在世界各地,沙盘游戏已成为主流的心理分析技术之一,广泛应用于心理治疗。还有一些治疗师在家庭系统治疗理论、阿德勒自我心理学的背景下使用沙盘,使之越来越呈现出多元化的趋势。1997年,范红霞在国内发表第一篇关于沙盘游戏的论文,这一技术渐渐被引入中国。

沙盘游戏疗法能为来访者提供一个"自由与受保护"的空间,在这里来访者通过象征、隐喻的形式可以再现出与创伤经历相关的情景以帮助发现问题,可以宣泄出与创伤经历相关的复杂情感从而达到治疗的目的。

二、沙盘治疗的原理

心理咨询师的指导语尽量简单,所表达的意思大致是:这里是沙盘,这里是玩具模型,你可以随意去玩,做任何你想做的事情;或你可以在沙盘上摆放任何你想摆放的玩具模型,构建任何你想构建的画面。

在"沙盘游戏"的过程中,来访者可能从沙盘室的架子上拿起某一玩具模型,用手感触着,挑选着,拿起来又放下。也可能会在沙盘上,左右上下移动着,把某一玩具模型细心地放在适合它的地方。或者,用手去抚摸某一玩具模型中所包含的感觉。实际上,来访者使用的所有沙盘玩具模型,都包含着他个人心理层面或无意识层面的痕迹与记忆。这种感性的接触,也是在一种保护、自由与安全的气氛中,记忆的恢复与重新体验。来访者用他的双手点缀出无形的内在感受。

另外，有的时候来访者并没有选择与使用玩具模型，只是用手在随处抚摸或堆起某种沙的形状。但是对于分析者来说，这就是潜意识里的表达。从沙盘上留下手的印记，到由手的触动所形成的沙的流动与沙的形状，都属于沙盘游戏之心理分析的内容。这些疗愈是无形的，是在潜意识层面完成的。

沙盘是"非言语的心理治疗"，但因为沙盘图画在"自然地表达"，它使用的是无意识心理学的象征性语言。比如，游戏者在沙盘中放了一只青蛙，那么青蛙所包含的神话与文化的意义以及青蛙自身转化的象征性意义，都在沙盘图画中以及游戏者的心理分析过程，具有十分重要的意义和作用。这只青蛙在沙盘中的位置、它与其周围的玩具模型的关系以及在多次沙盘图画中的出现、转移与消失等，都展现着游戏者内心变化及其治愈与发展的过程。

三、沙盘治疗的工具

1. 沙具

按照荣格的原型理论及潜意识心理学的原型意象和象征，可分为表达原型和原型意象的沙具，重要的文化象征以及神话题材的沙具，以及表示阴影和情结的沙具，如伏羲女娲、佛祖观音、宙斯和奥林匹斯的诸神，以及印度、埃及、巴比伦、阿拉伯和印第安等诸多文化意象；大母神系列、魔法师系列、巫师系列、万圣节系列、修道院系列、死神系列，以及斯芬克斯、凤凰麒麟等均为各文化传统中的主要原型意象。另外普通的石头、贝壳、各种动物和植物，基本的交通工具和木制家具等，普通的人物和基本日常生活用品也都是必备的沙具。不同沙具，不同原型、数字乃至颜色，沙具在沙盘中的位置均代表着不同的含义。

2. 沙盘

沙盘是一种特殊的装着沙子的供人在上面进行建造活动的盒子，一般被放在低矮的桌子上。常用的沙盘的大小为0.7米长、0.5米宽、1.1米高左右。它的底部和边框被漆成蓝色，并且能防水，沙盘里面装的沙子大约是盒子高度的一半。沙箱内侧的尺寸为57×72×7厘米，外侧涂深颜色或木本色，内侧涂蓝色，是为了使来访者感觉"挖沙子会挖出水"，作为"河流"/"大海"等的代表。沙盘往往使用茶色粗沙、细沙或白沙三种，有时候也使用茶色和白色两种。

一般沙盘游戏中要配两个沙盘，一个装干沙，一个装湿沙，供来访者自由选择。沙盘内部的蓝色在沙盘游戏中是关键的内容之一，浅蓝色本身可以对人的思维过程和行为产生心理以及生理方面的平静的感觉。因为一般来说，蓝色可用以代表碧水和蓝天。

此外，长方形的沙盘也有一定的意义。长方形空间的不平衡性可以产生紧张的感觉，使人有要移动和进入的愿望。正方形、圆形产生平衡静止的感觉，人们的注意力很容易汇聚于中心，缺乏挑战性。因此，长方形比正方形和圆形能提供更多的探索空间和更大的挑战性。

3. 沙盘室

沙盘室最先具备的条件是安静。为避免其他人影响到沙盘室里发生的"处理行为"，所以一般要单独的房间。

另外，很多沙盘游戏是给儿童准备的，那么干净和安全就很重要了。以塑胶地板来取代地毯，方便清理；在墙壁上也应装钉坚固且低矮的木头家具，避免幼儿在拿取玩具与攀爬时的危险。最后把一些经过选择且已分类的玩具摆放在一个开放式的架子上，架子距离沙盘越近越好，以便于看到和拿取。

四、沙盘治疗的过程

（一）创造沙盘世界

向来访者介绍沙盘游戏：创造一个自由的、受保护的和安全的空间，并形成一种积极的期待；向来访者介绍沙盘、物件和沙游过程，自己要处在一个令来访者觉得舒适的位置，让来访者知道做沙游的方式无所谓对错，"完全凭着感觉"来。

（二）体验和构建沙盘世界

体验：鼓励来访者充分地体验沙世界。当来访者反思场景时，你只需静静地坐着，这是加深体验的时刻。

重建：告知来访者可以将沙的世界保留原状或是做些改变；留出时间给来访者去体验改变后的沙世界。

（三）呈现，来访者表达介绍沙盘世界

向来访者请求介绍他的沙世界；注意来访者的语言和非语言线索；不要碰触到沙盘；鼓励来访者停留在被激发的情绪中。

（四）故事

来访者在创造沙盘图景的过程中或在结束时会自动讲一个故事，如果来访者没讲，治疗师可以邀请来访者讲讲摆了些什么，想要表达些什么感受。故事中会表达出来访者的情感、沙盘所呈现的主题以及玩具的象征意义等。治疗师不对游戏内容和来访者所讲的故事做出评价和解释，要做的就是认真倾听，真心地接纳。

沙盘游戏治疗的时间不等，大部分5—7次，有的需要8次以上。

另外，在首次咨询时需要向来访者明确沙盘游戏的一些基本要求，但

是尽量少讲。

（1）游戏时不可伤害自己，也不可伤害治疗师；
（2）告诉来访者可以玩架子上的任何玩具；
（3）如果弄坏了什么，治疗师会去修，但不能有意破坏；
（4）治疗结束后，由治疗师来收拾，来访者就不必管了。

咨询师在告知这些规则时语言力求简洁，因为疗愈都是内在的情绪情结，同时还要注意不要给予过多的信息。所有的来访者只需要简单地界定基本的不可被接受的行为（比如把沙盘打坏等），其他自行发挥。

当来访者开始对沙盘和玩具自行探索后，治疗师就退到侧后方坐下，观察并记录沙盘游戏的进程。记录内容包括：来访者是如何开始进行的，是比较犹豫还是立即投入；第一件选择的玩具是什么，之后又选择了哪些种类的玩具；玩具在沙盘中的摆放位置是什么，彼此的摆放关系又怎样；来访者在沙盘上的探索空间有多大；最终摆出的结果是什么，等等。有了关键的变化，要及时拍照。来访者离开游戏室后，留作资料以备分析。

五、总结

要实现沙盘的治疗任务，治疗师只要做到一条就可以了：尽量少干预。

沙盘治疗过程以一套潜意识中"意象"性的语言表达自己，这是一种自己未曾意识到的内在，实际上也未必需要做解读。

治疗师要营造一个自由和安全的氛围。不要干预来访者的"摆弄"，一切让来访者"完全凭着感觉"去操作。来访者"摆弄"的过程中越投入甚至越沉迷其中，效果就越好。

结束后，咨询师可以简单解读；但我的建议是不要解读，或者"含糊其词"就行。这样沙盘治疗的效果会慢慢"内化"到潜意识中，疗愈的效果也会慢慢地发酵出来。

(一) 沙具的象征意义

提示：读者对这段内容，千万不要去背诵。很多初学者喜欢去背诵，似乎背下来了会在咨询中很有"安全感"；有些教材也是这么要求的。但在我十几年的咨询和教学经验中，我很确定，死记硬背沙具的意义，更多会有反面效果。我们要从荣格原型的角度去理解，此处读者看看就可以了，不要去背诵。

象征意义都是国内外专家、学者对世界各地宗教、文化、风俗研究的成果，根据心理分析理论及实践经验撰写而成，不是凭空想象。这是集体无意识的存在，或者相信人类对事物有一些相同的观点。集体无意识是人类普遍存在的心理内容，它的表达方式是象征。

下面是常用元素解析，由魏广东、申荷永等多位心理咨询师进行总结和归纳：

1. 中国宗教及文化人物

阿凡提（智者）

张果老（智者）

八仙（神，自我超越）

半仙、算卦先生（老年人、智慧老人）

兵马俑（力量、权力）

嫦娥（女性）

菩提达摩（智者）

道士（精神引领）

二郎神（男性、防御自我保护）

二郎神与哮天犬（本能控制）

佛祖释迦牟尼（超自然力量、自我拯救）

伏羲和女娲（神、自性、整合）

伏羲（神、权威、智慧老人）

女娲（神，渴望救赎，母性，超越性别的智慧，转化和过渡）

福禄寿三星（喜庆、神、智者）

观音菩萨（母性，超越性别的智慧）

黑白无常（黑为阴，代表对恶的惩罚；白为阳，代表对善的奖赏。死亡、不确定、恐惧）

后羿（力量，男性，强壮的肉体）

皇帝皇后（父性和母性、权威）

济公（渴望被拯救、快乐儿童）

孔子（自控、智慧老人、神）

夸父（身体力量、阿尼姆斯、英雄）

老子（智慧老人、精神自由、神）

李白（李白醉酒：自由洒脱、自控力差；李白乘舟：意识自我、思想自由）

龙王（超自然力量、神）

妈祖（保护者拯救者、母性）

弥勒佛（神、超自然力量、保护满足人的愿望）

诸葛亮（智者、忠臣）

刘备（权威、权力）

关羽（财神、英雄）

张飞（力量型阿尼姆斯）

曹操（邪恶、奸诈的智慧老人）

三毛（求助者）

唐僧（中年男性、缺少能力、超越）

孙悟空（年轻男性、挑战权威）

猪八戒（无意识欲望、接纳本性）

沙僧（踏实、老实）

月老（爱情婚姻）

钟馗（保护神）

2. 古埃及、欧洲等其他宗教及文化人物

阿努比斯神（死亡、神秘）

贝斯特神（女性、女巫）

美杜莎（漂亮、妖魔、石像）

马利亚（没有原罪、慈祥圣洁、母亲）

圣杯（女性、神圣子宫）

天使（圣洁、善良、正义）

智天使（智慧）

丘比特（盲目恋爱）

堕落天使（叛逆）

维纳斯（爱和性欲）

夏娃和蛇（夏娃：女性、性特质；蛇：欲望、诱惑）

雅典娜（智慧女神、女战神）

耶稣（智者、救赎）

宙斯（神、权威、父性）

死神（死亡，无意识的恐惧）

小丑（欢乐掩饰下的悲伤和无奈）

自由女神像（挣脱约束、获得自由）

3. **人体部位**

鼻子（嗅觉可象征鉴别力、洞察力；大小可象征性欲；也可能是爱管

闲事，打听消息）

肠子（中国结可象征永恒，多数用来表达情绪或心理状态）

肚脐（母性、创造的源泉）

耳朵（形状与螺旋贝壳联系起来，贝壳像女人的生殖器，象征出生；佛教里耳朵象征智慧）

肝脏（中医里多与愤怒的情绪有关）

骷髅（死亡、危险）

脾脏（中医里多数和忧思有关）

手、脚（手象征活跃、保护、祝福；脚象征谦卑和忧伤；手足可象征兄弟关系）

头部（全身的掌管者、领导、父母）

头发（象征生殖力和个人力量）

牙齿（象征动物的力量和进攻，牙齿脱落：丧失战斗力和自我保护能力）

眼睛（神、智慧、保护）

心脏（精神、情感所在）

嘴（创造力、女性、性欲）

4. 植物、果蔬类

百合花（基督教中代表忏悔，多数象征纯洁、美好的婚姻）

花环（象征好运、生与死的初始）

菊花（中国和日本象征长寿与好运；西方象征死亡与衰败）

康乃馨（母爱）

莲花（神圣、纯净、再生、自性）

玫瑰（红玫瑰象征浪漫、情爱；白玫瑰象征纯洁和圣母玛利亚、黄玫瑰象征友情和欢乐）

牡丹（象征富贵荣耀）

向日葵（象征永恒不灭、太阳神；有些文化中代表盲从、不可靠）

罂粟（睡眠和死亡）

郁金香（完美的爱情、神性、财富和美丽）

紫罗兰（害羞、忠诚、不屈不挠）

柏树（死亡和哀悼）

橄榄树（和平）

槐树（祖先的寄托、吉祥）

金合欢树（生与死、永垂不朽）

李树（欢乐好运、桃李芬芳）

柳树（哀悼、不祥；另外象征刚柔相济，不做无意义的牺牲，无心插柳柳成荫，也有生命力顽强的象征）

榕树（又称菩提树，象征永生）

桑树（生命之树，辟邪，家乡）

松树（阳刚和力量，承受力忍耐力）

银杏树（爱与希望、忠诚）

月桂树（胜利、和平）

棕榈树（繁荣和胜利，战胜死亡）

橙子（橙花与果实代表童贞和多产，西方多用于婚礼）

大蒜（力量的象征，被保护不受伤害）

梨（爱与母性）

荔枝（中国人认为荔枝放于床底可以让新婚夫妇多子多孙，另外与利谐音，象征吉利财富）

芒果（多产和财富）

苹果（智慧、美丽与和平）

柠檬（象征古怪、令人失望的人，希伯来文化中象征心脏）

葡萄（财富快乐，生活的希望，基督文化中代表耶稣的血液）

石榴（生育、创造力、上帝无边的爱）

松果（形状像火苗，古希腊人认为是男性象征，古罗马人认为是纯洁的女神维纳斯）

桃子（长寿、基督教中象征救赎）

无花果（富足多产，亚当和夏娃用无花果叶来遮羞，所以也可能是禁果）

西红柿（爱之苹果）

香蕉（印度教中象征多产和繁荣，多用于婚礼）

杏（美丽与性欲，女性）

樱桃（处女的象征）

蘑菇（灵芝是吉祥长寿，因蘑菇形状像男性生殖器，也有生育和性能力的象征）

竹子（向上、平安、幸福）

5. 动物、昆虫类

豹子（勇气和战斗力，人的阴影）

蝙蝠（阴暗、恐惧）

豺狼（破坏与邪恶，死亡之神阿努比斯，基督教中象征悲哀，中国文化象征不遵守道德）

大象（力量、长寿、智慧）

袋鼠（活力、耐力）

狗（忠诚、守护）

河马（女性分娩的保护神）

猴子（聪明、进化、机灵；也象征邪恶、贪婪、邪教）

狐狸（狡猾奸诈、引诱、长寿）

浣熊（调皮机灵，适应性强）

狼（残忍、攻击、对男性的恐惧、母狼象征母亲强烈爱子）

老虎（勇敢、威严）

老鼠（机灵、繁殖力强、伪善、由低级状态进入高级状态的超越）

鹿（仁兽，灵性、智慧老人）

骆驼（使命、负重耐力、引领者）

马（献身精神、勇敢、胜利、感知力）

猫（神秘、月神贝斯特、妩媚）

牛（自我、脾气倔、献身精神，公牛是男性象征）

狮子（瑞兽，智慧、威严、辟邪、力量）

兔子（机智、谨慎、爱情、生育、女性生理周期）

熊（巫术、祛病、武士）

羊（绵羊代表愚昧与盲目，需要精神领袖；多数代表美好善良）

猪（无知懒惰等，也象征厚道忠诚，象征繁育）

雕（勇气、见识、力量等，独行时对命运的坦然面对）

鸽子（和平、沟通、神圣的爱）

鸡（守信准时、黎明、平凡和柔弱，公鸡有勇敢善斗的象征）

海鸥（勇敢和力量，平安）

鹤（高官、权贵、长寿祥和、贤能、父子关系）

孔雀（复活及不朽、骄傲、慈悲、警觉）

麻雀（西方代表神的慈悲，死亡将至；中国象征家宅吉利，宁静祥和）

猫头鹰（超自然、死亡之鸟、智慧博学，若在白天出现代表明确、清晰、智慧，夜晚出现代表孤独寂寞，寻思的状态）

天鹅（重生和新生命、预告者、真挚）

乌鸦（凶兆、神祇的信差、光明使者）

喜鹊（多数象征幸福热情，快乐喜悦，但在欧洲民间故事中却是小偷，不吉利）

燕子（好运和幸福，重生和新的开始）

鹰（力量、敏锐、精神的胜利、自由、太阳神、战胜黑暗、神的使者）

鸳鸯（爱情的象征）

海龟（长寿、生命力、大地母亲、智慧）

贝类（子宫、诞生、创造、财富）

海豚（太阳神、智慧的象征）

鲸鱼（宇宙之水、死亡和复活）

珊瑚（重生、好运、财富与地位）

鱼（未诞生的婴儿、多产丰饶、无意识、灵感与创造力，鲨鱼可能象征恐惧，比目鱼象征情感深切）

章鱼（从神秘中心释放出来的创造力）

珍珠（月亮、女性、伤害包裹以及升华）

蚕（纯洁美德、奉献精神、超越）

苍蝇（破坏、邪恶）

飞蛾（寻求上帝的灵魂、因为精神错乱而仓促走向灭亡）

蝴蝶（复活、超然灵魂、爱情、轻浮、超越）

蝗虫（灾难与破坏）

甲虫（新生、生命流转、变迁）

蜜蜂（秩序、勤奋、协作、爱情的痛苦与甜蜜）

蜻蜓（不稳定、魔法、幻觉）

蝎子（死亡毁灭、干旱荒凉、狠毒）

蜘蛛（阴影、恐惧、无意识、命运、母亲）

蟾蜍（女性、财富、恶魔）

青蛙（生育、生殖崇拜、转化）

蝾螈（火、小龙、勇气、纯洁、童贞）

壁虎（敏捷、智慧、较强的适应性、复兴、幸运）

鳄鱼（不真诚、伪善、母亲、无意识和意识的连接、本能的压抑）

恐龙（无意识力量）

蚯蚓（大地、死亡、解体、杀伤力）

蛇（智慧、小龙、冷血、狡猾、原罪、男性象征，对蛇的恐惧可象征对男性性欲的恐惧；象征未开发的女性特质，无意识的某种突破与更新，蜕变；可象征幸运吉祥神圣；可象征追求爱情和幸福；可象征长寿，生殖和财富）

蛇杖（象征智慧、疗愈和复活）

咬尾蛇（象征无限，永恒循环，凌驾一切的二元性，生与死，阴与阳的整合，自性）

独角兽（纯洁、勇气、典雅的爱、法律公正）

凤凰（聪慧高贵美丽、不朽，雌雄结合、心理整合、浴火重生）

飞马（飞马从美杜莎的血泊中诞生，象征人类欲望是凭空产生的，自然要素的反复无常，希腊英雄柏勒洛丰在雅典娜的帮助下驯服飞马，象征人类在神灵的帮助之下驯服了构成宇宙的四大元素）

龙（东亚地区文化中的龙，是神话传说中的神异动物，是潜藏在人类意识中的一种动物，象征正面积极的原始力量；在西方文化中，龙同样是潜藏在人类意识中的一种动物，如果不加约束，人就会逐渐趋于动物的本性；龙的形象是人类内心世界的情感与无意识精神需求的体现，神圣、权威的象征）

6. 建筑类

埃菲尔铁塔（象征异域风情）

城堡（具有身体和精神双重庇护功能的象征）

窗户（人类观察外界的方式，若强调有窗户向外看，代表一种间接的对外部世界的关注，如果从外向内看，代表窥视他人隐私或探索自我的无

意识）

摩天大楼（男性生殖器象征，典型的男性建筑）

灯塔（真理、男性生殖器、基督教中象征引导人们向着正确的方向前行）

坟墓（亲人逝世的象征，代表一个时期的结束，也预示新时期的到来）

佛塔（精神指引）

金字塔（升天的象征、新生、神秘心灵）

井（大地之母、治愈疾病和希望）

巨石阵（神秘、强大、高雅）

凉亭（放松休闲的象征、精神指引）

喷泉（生命、女性、永恒）

桥（过渡和转换，不仅是独立的个体之间的联系，还是自我多种人格特征之间的联系，或者是个体过去、现在、未来的联系，或是意识、物质与无意识精神的联系）

栅栏篱笆墙（自我保护、与外界隔绝）

帐篷（天地之间的连接）

7. 自然现象

彩虹（太阳神、天地之间力量的互动、祥瑞、暴风雨后的宁静和提升）

洞穴（子宫、女性象征、通道）

河流（孕育和诞生、净化）

湖泊（平静、沉思、反射、镜子）

火（温暖光明、毁灭混乱、亲密的爱与激情、仇恨与复仇之心；火炬可以像接力棒一样，一个一个传递，象征生命的永恒，火炬朝下则代表死亡）

火山（愤怒、心理的不稳定和即将爆发或者压抑着能量，既代表死亡也代表新生）

沙漠（心理贫瘠、无望、充满艰难阻力和危险，沙漠中如果出现骆驼，象征希望所在，力量）

闪电（神灵的启示）

星星（宇宙的能量、智慧光明和喜悦）

月亮（反复、循环、神秘、新生）

雪花（短暂、无常、智慧、真理、冷酷与纯洁）

8. 其他

螺旋（顺时针代表将来，由内到外旋转代表能量指向外部和将来；逆时针代表过去，由外到内旋转代表能量的退行和指向内心）

太极图（阴与阳、对立统一、自性）

锅（子宫、母亲）

灯笼（温暖和光明）

伞（保护、准备、男性象征）

望远镜（看清事物、男性生殖器的象征）

椅子（权威、王位）

油灯（奉献、智慧、未来的希望、治愈）

圆规（男女的结合与生育）

面具（内心的隐藏）

飞机（自由，性的代表；天与地、包容性和分离性的平衡，可以表达快速对自由的需求；如果飞机失事，则可能隐含求助者对自己的否定或愿望的破灭；轰炸机代表有强烈的攻击性；如果飞机出现在跑道上时，意味着攻击性有了宣泄的通道；飞机进入跑道或者即将起飞也是超越的象征）

火车（往往是时间、生活的代表，来访者认为自己是否在火车上，是否赶上火车，代表了求助者对机遇的把握；如果火车处于轨道转弯的状

况，可能说明求助者正处于人生的转折点；如果火车驶入隧道，可能象征对回归母性的愿望）

船（比较多的是"对现有生活的"投射，有时也代表性，在水上的船，可能象征借助生命本源的力量，尤其是使无意识本能力量达到目的的愿望及努力；动力船往往表达一种力量感、财富感、竞争感或旅行感；船在海上航行也是一种浪漫的象征；由于渔翁特定的象征意义，渔船与渔翁往往结合在一起用于象征在无意识中进行深入探究的愿望的动力；由于摆渡者通常是智慧老人的象征，因此渡船也可能被附上智慧的含义；轮船远航进入广阔的海域是超越的象征）

汽车（不同类型的车辆具有不同的象征，比如消防车灭火、垃圾车收集垃圾，这都意味着无意识的自我调节；而一些建筑用车，则可能是自我成长、自我重建的象征）

武器（攻击性的象征，自我保护、防御的象征）

枪（男性生殖器崇拜及男性攻击行为）

弓箭（箭曾经是男性生殖器崇拜，新月一般的弓则代表女性生殖器；现在，弓一般代表能量与纪律，箭则代表闪电、雨水或权力）。

第十一章
原型叙事疗法

一、原型叙事疗法的基本概念

(一) 寻找子人格的意象体验

1. 引导语

来放松呼吸,放松呼吸。慢慢的你的眼前出现了一栋房子,现在我们大家分别看一下自己的房子是什么样子的……

好,现在只需要做一件事,把这个房子里面藏起来的,或者平时没怎么露面、没怎么关注到的一些子人格都尽量找出来,有可能只有一个,也有可能有好几个,我们尽量多地在这房子里面一个个把它找到。注意,有可能在房子里面,也可能在房子外面,在密室里,在阁楼里,有可能是人,有可能是精灵,有可能是战士、照顾者,任何都有可能,也可能住在镜子里,尽量多地找到它们……

请大家心里记录下看见的子人格们,然后可以睁开眼睛了。

2. 引导语

好的,我们闭上眼睛,继续回到刚才的场景中。现在我们对着这些子人格说:"无论你是什么样子,我都会无条件地接纳你。"重复10遍,我们看看,眼前的图像会有什么变化吗?

(二) 荣格子人格的12原型

天真者、孤儿、战士、照顾者、追寻者、破坏者、爱人者、创造者、统治者、魔法师、智者、愚者。

1. 天真者：纯真，偏孩子气的角色（本我）。

2. 孤儿：可怜，被抛弃感很强，比较受创伤，不受保护的自己，例如孵龙蛋时找到的小小孩。当我们用爱与力量处理好孤儿角色时，其外形会发生改变，往往会变成天真者原型或者其他比较好的子人格，孤儿的子人格可以不存在。

3. 战士：勇敢有力量，往往以龙、勇者的形象出现。自卑、自我否定的孩子没有这类子人格，极度不自信，长大后做事退缩，哪怕有好的机会也会退缩。

4. 照顾者：太阳里的小海豚就是战士和照顾者的结合，例如圣母、护士、医生、爱人者。

5. 追寻者：这个子人格如果有那是最好，没有也没有太大关系，不影响心理状况，例如夸父、唐僧、探险家。

6. 破坏者：阴影原型，一个社会的创造力与破坏者有关。

7. 爱人者：恋爱中的品质，美人鱼宝宝养大或者复活潘金莲。

8. 创造者：理性，科学家叔叔。

9. 统治者：权力的象征。

10. 魔法师：逆境中处理问题的能力较强。

11. 智者：智慧，例如扫地僧。

12. 愚者：混混，赖皮性格的体现（注意，这不是一定不好的子人格，有时候对自我要求过高、过度苛求自己的来访者而言，这就是一个很重要的疗愈原型）。

（三）原型的基本处理方式

1. 爱与接纳（类似意象的处理）。

2. 正面面对（类似"熬鹰"）：熬鹰，老北京话，也做熬大鹰，训练猎鹰的方式之一。通俗来讲，抓住"鹰"之后，"盯着它"！就是不让猎鹰睡觉，熬着它，使它困乏。因为鹰习性凶猛，刚捉回来后不让鹰睡觉，一连几天，鹰的野性被消磨。熬鹰不是那么容易的，而且并不是什么鹰都要熬。我国新疆苏木塔什乡被誉为猎鹰之乡。在那里柯尔克孜族人世代与鹰为伴，熬鹰也成了柯尔克孜族民族文化的重要组成部分。

在意象中，我们自己可以盯着一些恐怖意象，如"恶鬼/毒蛇"等，一直盯着，双方都不眠不休，一般都会熬赢。之后，这个可怕的意象就归你了。

（四）原型叙事疗法的方法

1. 第一阶段：寻找目标（创伤原型）

通常我们引导来访者组团完成一些任务：找一个被关押的人/动物（囚徒）、解救一个濒临死亡的人、找一个可怜的小小孩、寻找几个可怕的怪物并打败它们。比较经典的几个目标有：

（1）迷雾森林

（2）雕像（骷髅、尸体、机器人、化石等）

（3）沉船

（4）海底古城

（5）中诅咒的妖魔鬼怪，小怪兽

（6）被雷峰塔镇压的灵魂（雷峰塔中镇压的往往是一个内在封闭的自己）

（7）寻找神话故事中的人物遗体

2. 第二阶段：组团小伙伴（子人格的建立）

要在治疗中，引导来访者找到带来力量和勇气的目标：

（1）龙蛋

（2）小怪兽

小怪兽的出现是一种本我和超我都很强的体现，往往代表了一个扭曲的自己，虽然不被外人所接受，却仍然挣扎着坚持的存在。常见小怪兽：孙悟空、哪吒等具有争议性、叛逆性代表。

（3）科学家叔叔（创造者原型）

（4）智者原型（常见几种：耶稣基督、诸葛亮、阿凡提、观音菩萨、神仙等）

（5）宠物

（6）其他子人格原型（战士、天真者等）

3. 第三阶段：遇到阻抗

在意象、叙事的治疗中，往往会出现许多阻抗，阻抗难度有大有小，当遇到阻抗时，就用到小伙伴和能量去对抗。常见阻抗的体现例如：害怕/抗拒前进、形态不一的魔鬼、地震雪崩等天灾、自我毁灭等。

4. 第四阶段：收集能量

遇到阻抗后，我们可以用意象对话或者直接引导一些能量给来访者度过阻抗。

例如：男性力量（阿尼姆斯）：太阳神、太阳、太阳海豚；女性力量（阿尼玛）：海底、山洞、地下河流、种树；人类理性：智者原型的角色；能量工具：能量球、金箍棒等。

主要常见意象有：

（1）山洞中的宝藏、魔水（山洞是子宫的代表，装魔水的瓶子也是母性力量）。

（2）灯塔里的能量球（小个儿的太阳）。

（3）海底的三种源泉（力量、生命、爱）。

（4）寻找女娲补天里的五彩石。

（5）艾莎公主的魔法棒。

（6）打怪后的战利品。

（五）原型叙事疗法的解释

完整的心理疗法，核心是构建完整人格，达到相对稳定的状态，本来该有却没有的人格需要重新塑造。一般来说每个人都要有 8—12 种常用的子人格，多的可达二十几种，每一个不同的人格代表了不同的应对模式，如果来访者有情绪问题，往往也会体现在人格上。

（1）子人格质量高，数量少：可能在专业领域非常优秀，但在其他领域残缺。（中国男性比较普遍，IT 人员等）

（2）子人格质量低，数量多：传说中的"好人"、没有用的人、心理患者。

（3）子人格质量低，数量少：重度抑郁。

（4）子人格质量高，数量多：最好的状况，"完整的人格"，变得更勇敢，更敏锐，更容易和人相处。

咨询师对来访者使用原型叙事疗法是通过对（1）子人格的构建：没有的人格加进去；（2）子人格的修复：提高质量低的子人格，使来访者自我改变。

这里需要注意的是，往往来访者在意象叙事等治疗过程中遇到阻抗或者创伤时，有时候不需要心理师去强制引导，来访者也可以通过自身潜意识来自愈和自救。通常在治疗过程中或者结束后的一段时间里，来访者有一个"悟"的瞬间，这个悟出的内容很可能就是来访者找寻的答案。

二、原型叙事疗法的实录参考

案例一：怡宝历险记

来访者：怡宝（女高中生，不愿去学校上课）

咨询师：李夏旭（李老师）

第一次治疗

第一步：画房树人

此房树人图中看得出心情比较沮丧，虽然构图可以，但是意象分析比较糟糕：首先是冰天雪地的场景，当问怡宝树的心情时，她说树很沮丧，树叶都掉光了。并说图中不止一个栅栏，还有其他很多栅栏被雪覆盖住了看不见，说明内心阻抗很多，房子的心情也说比较差。

第二步：意象和叙事结合疗法

老师先指引怡宝在房中寻找龙蛋和小孩（找龙蛋组队）。怡宝画出的房子非常简单，而龙蛋藏在保险箱里，都表示有阻抗，内心防御强。找到的小女孩的眼睛是纽扣，嘴巴被缝起来，很是吓人。

小女孩藏在衣柜里（没有安全感的体现），龙蛋孵出以后，小女孩变漂亮了。

与龙蛋组队完成后，老师认为可以带怡宝去面对创伤了，于是引导怡宝去找地下室。她找到的地下室是在餐厅一个壁炉下面。（餐厅厨房也是没有安全感的体现）她说地下室里的东西中有一瓶1982年的拉菲。（酒是一个好的意象）此时老师让她看魔镜，魔镜中怡宝没有看到任何东西（代表一种自我否定）。然后老师继续引导，让龙和小女孩一起去看镜子，仍然没有看见东西。接下来，老师让怡宝进入魔镜之内，但还是空无一物。

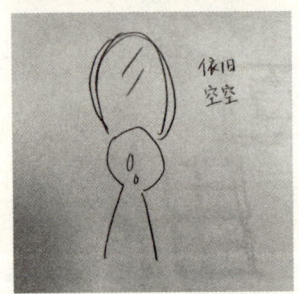

这时候老师决定增加力量。先指引怡宝开始挖河流（增加母性力量），然后在地下室寻找小怪兽。怡宝后来在地下室中找到了猫形状的鳄鱼。此时遇

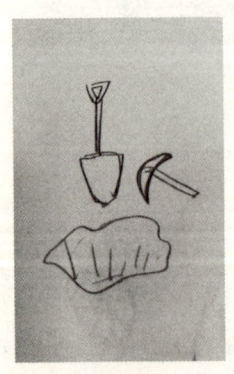
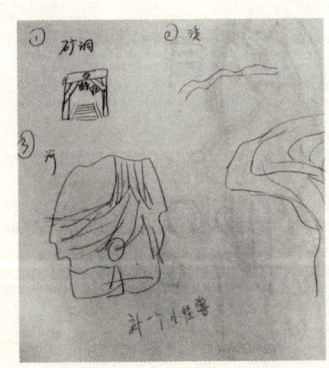

到了第一个创伤,小怪兽就是一个扭曲的自己。等了很长一段时间,怡宝一直在接纳小怪兽的过程中。当终于接纳完毕时,小怪兽的形象顿时改变了。

接纳之前的小怪兽没有画出来,但是接纳后的小怪兽变得非常漂亮,这一阶段的意象可以看出女孩的心态有了非常好的转变。

这时候我们还需要加强巩固,于是开始一段冒险之旅。老师指定目标:寻找被关押的人。于是随着刚才挖的地下河流,我们开始一段漂流,经过了峡谷、瀑布、小一点的峡谷,然后到了南极。此时虽然还没有找到那个被关押的人,但是怡宝说看见了一座古城。(古城也是一种比较大的创伤原型)

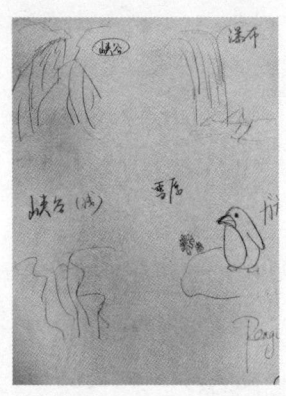 

此时怡宝说,被关押的人已经死了,就是这座古城,画上是类似亚特兰蒂斯的残垣断壁。老师让怡宝想想如何能复活这个古城,此时怡宝表示不知道如何做,于是老师引导怡宝去寻找一个能复活古城的能量球。怡宝在古城的不远处看到了能量球,但是有地震,产生了巨大裂缝,无法靠近。(阻抗出现)此时老师让她重新回到山洞,怡宝觉得害怕,山洞中有蝙蝠。(阻抗再次出现)老师安慰怡宝说不用害怕,他陪怡宝一起进去,怡宝往山洞走,说看见了分叉路,(又一次阻抗)这时候老师让怡宝可以问问她的小伙伴们有没有知道路的。此时怡宝的小怪兽跳出来了,说它看到了山洞中有一个宝贝，里面装有刀剑铠甲，可以帮助他们渡过地震产生的裂缝。于是他们拿到了能量球并复活了古城。此时已经过了大约两个小时，对怡宝的第一次治疗结束。

一周后，第二次治疗

第一步：画房树人

李老师分析：整体来说还是不好的心情，还是雪人，而且冰天雪地，但比第一次有进步，房子的位置换到了左边，左过去、右未来。此时一定需要让来访者自我知觉去感知，说出与第一幅图有什么不一样。

来访者自我感知：第二幅布局更舒服，结构换了位置；树明显不一样了，第二幅的树更耐寒、更抗压，雪人多了个帽子，帽子是房子的主人送给它的，帮它御寒取暖。

以下是让来访者代表第二幅图向第一幅图说的话：

① 我现在更富有了（房子变成小别墅了），也有伴儿了（暗指帽子）！

② 窗开了（内心封闭打开了）；

③ 冰凌很漂亮，但是你没有（有自信了）；

④ 我现在有扫帚，我可以保护自己了（增加了力量）；

⑤ 我现在头顶有帽子,可以保暖防寒(增加了安全感);

⑥ 你看看你,叶子都快掉光了,我还活着呢(自救觉醒)!

⑦ 咱现在是现代化的好生活了,谁还用得着你的烟囱呢?

⑧ 虽然你也不是不漂亮,但你那么寒酸,我可比你漂亮多了;

⑨ 我现在变得更加高调一点了,看起来也比你大气多了,窗子也比你多,我是防盗门,我的装饰比你好看;

⑩ 我有太阳,你没有,你是阴天,我是晴天,再也不用去你偏僻的小山村了,我再也不需要篱笆来保护我了,我挺得比你直。

第二步:继续叙事疗法,上一回合的故事延续:

我们先看一下上次治疗,古城恢复后的图:

古城恢复后,焕然一新,有一

座美人鱼的雕像,老师问怡宝,雕像有什么话想对你说吗?"复活我。"怡宝回答。然后雕像说要怡宝去找到一瓶药水,就能复活它,小怪兽打探到这个药水被一个巨大的章鱼守着。

接下来,老师问怡宝:你们该怎么做呢?怡宝给小怪兽取名媚娃,然后媚娃和龙去引诱章鱼,声东击西,小女孩则去找药水,并且很快就找到了。

找到药水后,小女孩第一时间先去复活美人鱼,然后再去救作为诱饵的小怪兽和龙。

小女孩先将上周找到的能量球放到章鱼面前,亮瞎了章鱼的眼睛。然后小怪兽和龙绝地反击,一起用三叉戟把章鱼打败了。

然后他们找到了许多战利品,其中有一件衣服是给小女孩穿的,穿上衣服后的小女孩变漂亮了。

到这里第二次治疗差不多结束了,小女孩的意象已经有了整体的改变,心情和状态都好了很多,并愿意重新回到学校上课。

第三部分 精选案例

我写作本书的目的是帮助广大心理学爱好者构建一个融"理论、操作、案例"为一体的由浅入深的学习结构模式。故此,为了让大家更好地掌握本书中所学习的现代咨询技术,这一部分将提供多种心理治疗技术融合使用的更深层次的案例,供大家学习使用。

第一章
创伤处理和人格构建

精选案例一

咨询师：何毅老师
咨询对象：玉米
咨询目标：完善子人格

第二次咨询，在正式开始之前，来访者玉米向咨询师介绍了昨晚做的一个很恐怖的梦：第一次咨询的房子里死人都在：大舅，三舅，小舅，姥姥姥爷，他们一个个面目狰狞，很恐怖，自己被吓醒了。当天，在咨询前他就一直处于惊恐状态。

（解析：有时前几次咨询后，来访者出现噩梦或者情绪低落等负面状态是比较常见的，原因是内心深处的创伤被揭开，而疗愈又是分阶段进行的，很难一次性完全处理好。咨询师要给来访者解释清楚，好好鼓励来访者。）

下面是咨询师的口述。文中的"我"就是咨询师自己，"她"是来访者玉米。

咨询开始，首先进入潜意识以后，看房子。
她：房子很黑，天气就像一场暴风雨快来的样子，感觉特别冷，天不

亮，黑压压的，房子还是平房。再进入房子里面，房间里面很黑，什么都看不见。（创伤原型很快就呈现出来了）

于是我带她来到第一次咨询去过的灵山，去找那位逍遥神仙，看到神仙她就开始哭了。

逍遥对她说："你把内心所有的委屈、愤怒、无助和孤独全都哭出来吧！"

几分钟以后，她情绪缓和一点，再看那位逍遥神仙，逍遥背对着她，问她："你怎么啦？"此时她情绪又激动了，继续哭，几分钟之后，逍遥对她说："锦囊可以用了。"咨询师让她感知一下锦囊的内容，她感知了一会儿说："看不见。"（阻抗出现。处理方法：阻抗出现后，就"强化正面原型"以打破阻抗）

我让之前那只小狗用它灵敏的嗅觉和它超强的感知能力去感受一下锦囊里面的东西（疗愈开始），小狗嗅了嗅说："锦囊让她面对现实，死了的人永远都回不来了，要很开心、快乐地生活，从回忆里面出来！"（此时小狗已经从孤儿原型恢复成了智者原型）

我引导她再问逍遥要了一个礼物。逍遥给了她一根魔法棒（力量原型/魔法师原型），只要她需要，魔法棒可以随时召唤他过来。然后我们再去灵山上找一颗吸满灵性的龙蛋，孵化了出来。这条龙很漂亮，很闪亮，尤其是眼睛特别漂亮，它长大以后是一条很帅的男龙。之前那条是女龙，这条男龙可以让黑暗的地方变明亮，是她的保护神，可以用它宽大的翅膀保护她。（强大的力量原型）

接着，在两条龙、小狗以及逍遥神仙的保护下，玉米来到了最开始的那个房子（力量原型的构建足够了，就可以开始处理创伤原型）。房子外面没有暴风雨，房间里面透着白天照射进去的光，咨询师让男龙用它的光把房子照亮，让玉米去找一下房子的主人。当玉米看到房子主人的那一刻还是强烈地要求离开房子，说里面的人太恐怖了！（创伤原型出现）

我让玉米躲到男龙的翅膀下；逍遥、另外一条龙以及小狗在旁边陪着她，然后面对着那个恐怖的主人说："无论你是什么样子，我都无条件地接纳你，我爱你，你值得被爱！无论你是什么样子，我都无条件地接纳你，我爱你，你值得被爱……"然后再引入阳光温暖，继续接纳……几分钟以后看主人的样子，已经变得没那么恐怖了。继续接纳，然后再引入爱的源泉，主人变得跟正常人一样，就像刚睡醒的模样。我继续引入生命的源泉滋润这个刚睡醒的人，过了一会儿，这个人变得很正常了，对着她笑。

我让她过去跟主人拥抱，在抱着的时候她又哭得稀里哗啦的……几分钟以后我问她两个人的心情怎么样，她说很开心，然后我问她那个人有什么话想跟她说，话没到嘴边继续哭……几分钟以后那人跟她说，她很想我，但她不能一直陪着我，要我好好爱自己……继续哭，过了几分钟，我让她感觉那个主人是谁，她说是外婆。然后我对她说："外婆告诉你，她会一直这么爱你。"然后我也让她跟外婆道个别："外婆，谢谢你这么爱我，我会带着你的爱好好地活下去，我会把你给我的爱好好地传递下去，终有一天我将追随你而去，但现在我要好好地活着。"几分钟之后她和我说自己的胸口没那么难受了，不像之前那么堵了！

过了一会儿，等她情绪好一点，我对她说："外婆跟你说，我在人世间的心愿已了，我等的人也已等到了，现在我要去观音娘娘那儿报到了，观音娘娘已经叫了我很多次了，但是因为我心愿未了，一直没去，现在我该走了！"然后我们跟着外婆一起到了观音娘娘那儿，外婆到了观音娘娘那儿受到了观音娘娘的点化，潜心修炼。

外婆跟她说："等我修炼成佛，下一世我们还是亲人。"此时，我问她："观音娘娘有什么话对你说吗？"她说："观音娘娘说：'外婆在我这儿会很好，我会好好照顾她。'"我对她说："现在观音娘娘把她的玉净瓶送给了你，你能感觉到观音娘娘满满的爱吗？"她哭着说能感觉到。

（复盘：这是典型的亲人离世的创伤处理，之前意象中出现的"可怕的魔鬼"什么的恐怖意象，其实是意识对玉米的保护，过往幼小的她是无法面对这个创伤的。而在力量原型的加持下，创伤得以浮现；之后就是好好地对话，好好地处理了。这是一个典型的把伤口揭开再处理好愈合的过程。）

过了几分钟，待她哭得差不多了，我们又开启了下一个任务：去雷峰塔救白娘子。

（雷峰塔是典型的"压抑"原型，代表着被压抑的情绪或者子人格。白娘子是照顾者原型/性意识原型的代表。"解救白娘子"这段叙事的处理，就是帮助来访者面对过往的压抑/封闭等情况，找回被压抑的自我的过程。）

意象显示：白娘子在塔底下被压着，夸父用他的斧头把雷峰塔一劈为二，把白娘子救了出来，白娘子出来以后开心地对她说："谢谢你救了我，我在里面被压了好久了。"然后送了她一个拥有魔力的叉子！

现在我们再去雷峰塔找一个东西，送给地下室可怜的小狗的东西。找到了一串佛珠，小狗得到佛珠以后很开心。我说："现在小狗去寻找它的父母，小狗知道它的父母在哪里吗？"她说："小狗不知道它的父母在哪里。"我怕她接不住这个巨大的创伤，于是再加一层保险，我说："现在白娘子送了小狗一块玉，这块玉有神奇的魔力。现在我们把这块玉贴在小狗的心脏部位，你看，当这块玉和小狗的心脏融合的时候它有什么变化吗？"

她说，小狗变成了一个人，变成了一个10岁的小姑娘。此刻的她很开心！

（孤儿原型继续恢复。白娘子的照顾者特质，其实是类似母爱的性质，给的玉，就是母爱以及鼓励等的代表。在母爱的关爱下，小狗变成小姑娘，是内心深处成长过程的展示。）

下一个任务：去找一条关押着的美人鱼！

（美人鱼是爱人者原型）

在小伙伴们的寻找下，发现美人鱼被关押在西湖的一个水牢里，我们用白娘子的叉子打开了水牢，救出了美人鱼。她出来以后很开心，我让美人鱼住到她的身体里去，问她感觉如何，她说："感觉挺好！"

最后一个任务：找一只好吃懒做的熊！（愚者原型）它在一个寺庙里面，在偷懒，我们过去跟它打招呼它也不理人。我们在熊旁边找宝贝，发现一口金锅，这金锅能给熊源源不断地提供美食，熊就靠着它吃了睡，睡了吃，懒得不得了。现在我们把熊叫醒，然后住进她的身体里，此时我问她感觉如何？她说感觉挺好的！

此时处理基本结束。我引导："请深深地吸口气，慢慢地睁开眼睛！"

睁眼以后我问她感觉如何，她说没有害怕的感觉了，这两年眼睛一直很模糊，经常看不清东西，开始心理治疗以后这几天突然觉得眼睛很明亮，看什么都很清楚。

复盘：每个人其实都有丰富的原型，以面对生活中的各种事情。但是有些受伤害的人原型数量不足，就难以很好地适应社会，面对家人。我们在咨询过程中，构建各类原型以及处理创伤，都是相辅相成的。在治疗心理疾病的过程中，也完成了对整体完善人格的构建。

精选案例二：

咨询师：郭良老师

咨询对象：小糯米

咨询目标：处理抑郁情绪

基本情况：小糯米童年不幸福，父亲脾气暴躁，重男轻女。她出生时差点被父亲送走，在她有记忆的时候她的家人又谈笑风生地把这事当成笑话告诉了她，所以她内心深处一直认为自己在家里是多余的。她从小脾气不好，上小学之前经常被自己奶奶殴打，小学三年级之后又经常遭到父亲的殴打、吼叫以及完全的情感忽视。她在小学阶段曾经尝试过自杀，但被家人发现，自杀未遂；其后不久又有过一次离家出走的经历；上初、高中以后父亲殴打相对较少，取而代之的是不闻不问，对她采取完全漠视的态度，所以小糯米一直对父亲充满恨意，父女俩几乎是零交流。长大后远嫁他乡，与父母关系比较疏远。离开家的小糯米经常会有抑郁情绪，一年前曾被医院的心理医生诊断为中度抑郁症，服过一段时间的抗抑郁药物；在此之前接受过意象对话、家庭雕塑、催眠等治疗。

（本文由小糯米自己整理）

在开始咨询之前老师先让小糯米画了一幅房树人的图，其中房树人图画里面的小人取名叫小花，小花是一个雪人。（雪人是一个很不好的意象，是来访者对自己的不接纳、不认可，一个把自己深深雪藏起来的意象）

老师开始布置任务：

老师：现在小花忽然接到一个任务：有一个人，他非常强大，但是被关押起来了，他是一个勇士，现在让小花去救出这个勇士，现在你感觉小花会怎么做？（勇士是潜意识中勇气的原型，是咨询师主动植入的，这个原型可以帮助来访者增加勇气和力量）

小糯米：小花会先把看守的人用飞镖给咔嚓掉！（飞镖也是力量原型）

老师：不着急，这个后面再说。你先感觉一下要不要找几个帮手，如果小花一个人把坏蛋都杀了以后，你感觉她能救出这个人吗？

小糯米：她还需要一把斧头。（斧头也是力量原型）

老师：一把斧头？好的，现在你看看这把斧头在哪里。

小糯米：就在墙上的一个洞里放着。

老师：这时候她找到这把斧头了吗？

小糯米：找到了。

老师：现在试试看她拿着这把斧头能不能把勇士给救出来？或者说有没有找到关押勇士的地方？

小糯米：找到了，牢房很小，如果是牢房的话可能就一两间的样子，很容易就能找到。

老师：嗯。

小糯米：坏蛋全都咔嚓掉了。她直接就可以用斧头把锁扣给砸开。

老师：好，砸开了。然后呢？

小糯米：勇士就可以出来了。

老师：好，现在勇士出来了吗？

小糯米：出来了！

老师：你给我描述一下勇士是什么样子的。

小糯米：勇士像斯巴达克斯里面的那个人一样。（斯巴达克斯是勇士原型的形象化）

老师：好，斯巴达克斯。

小糯米：他是很有力量的。（力量代表来访者潜意识中希望自己很有力量）

老师：当这个勇士出来之后，你看他有什么话要对你说吗？

小糯米：他会带着我一起逃。（逃也从另一方面反映出她平时遇到危险的应对模式；逃，表明她很没有安全感，有这种模式的人在现实生活中遇到困难也会习惯性地选择逃避）

老师：他会带着你一起逃。然后呢，逃到哪里？

小糯米：逃到坏蛋找不到的地方。

老师：你感觉逃到坏蛋找不到的位置要逃多久才能到？

小糯米：感觉要很久很久吧，逃到一个可以保护我们的部落。

老师：好，部落。部落就是你们开始有目标了嘛。好，开始你们的逃亡之旅吧，现在你们走出牢房了吗？

小糯米：走出来了。

老师：然后呢？

小糯米：经过一片草地，还有一片森林。

老师：然后呢？

小糯米：雪山。（雪山出现在意象中也是很不好的象征，说明她的内心很孤独、很冷。跟雪人类似）

老师：然后呢？

小糯米：然后来到一座城堡，那城堡里有一个很大的家族。（城堡是很强的自我防御，不愿意对别人敞开自己的心扉）

老师：城堡里有一个很大的家族？

小糯米：对。

老师：好的，到了这个家族里面对吧？

小糯米：对。

老师：现在见到族长或者其他什么重要人物了吗？

小糯米：见到了。

老师：是个什么样的人？

小糯米：是一个比较正直的、有权威的人，大家都比较信服他。（这个族长是一个智者原型，说明现实生活中她受了委屈没有这样的一个人出来主持公道，所以在她内心里渴望这样一个人出现）

老师：是男性还是女性？中年人还是老年人？

小糯米：中年人吧，四五十岁的样子。

老师：他有什么话对你说吗？

小糯米：他说让我加入他们的家族。（她在寻求保护）

老师：让你们加入他们的家族。好，你们愿意吗？

小糯米：愿意。

老师：好的，是你一个人加入还是跟斯巴达克斯一起加入？

小糯米：如果是我一个人的话他不一定会收留，肯定连着斯巴达克斯一起加入。（是来访者自己内心深藏的自卑，觉得自己不值得被无条件地接纳和爱，所有接纳都是有条件的）

老师：啊，好的，你们俩一起加入了，然后呢？

小糯米：然后我们就可以成为他们城堡里的一员。

老师：好，后面那坏蛋会追过来吗？

小糯米：坏蛋不会追过来了吧，我们这个家族有权有势，他会掂量一下自己的实力。

老师：故事还有吗？

小糯米：没有了。

老师：现在你看看小花的感受是什么。

小糯米：小花会觉得有安全感，不会再有人欺负她了吧？（这句话就非常直白地表明了她缺乏安全感，因为曾经被人欺负，童年被困住无法逃脱的枷锁）

老师：好，可以。

中途复盘：这个故事虽然很短，但是已经展示出很多问题了，我们已经处理了一点点。现在看她讲的几样东西，第一个就是斯巴达克斯，斯巴达克斯其实就是一个守护者的原型。她刚刚用了斧头，斧头是男性生殖器的象征，当然也是一种力量的象征。之后又说了一座城堡，还记得吗，城堡是一个很强的自我防卫，然后她说的那个很有智慧、很有权威的中年男性应该是智者的意象。

老师：现在注意了！我们看到小花是一个雪人，这个时候小花得到了第二个任务，族长对小花说："你需要去寻找一下自己的肉体，你感觉一下你的肉体藏在哪里？如果你要寻找，你要怎么把你的肉体寻找回来？"（肉体是那个被雪藏起来的、被遗忘的本我）

小糯米：好难啊，这肉体怎么找？她就是一雪人。（来访者说很难找，这是一个阻抗，需要进一步的引导）

老师：这样吧。他们不是要经过一座雪山吗？雪山里面住着一个很老很老、很有智慧的老人，现在小花不知道怎么去寻找自己的肉体，小花就可以去问一下这个在雪山里隐居的老人。（智慧老人是咨询师主动植入的智慧原型。在提出让小花去寻找老人的时候她说找不到，这是一种阻抗，很正常）

老师：现在呢，让她暂时离开这个城堡，如果害怕的话她可以让斯巴达克斯来帮助她。首先到雪山里面去找一下那个隐居的老人吧，看这个隐居的老人怎么指点她。

小糯米：老乌鸦！

老师：隐居老人是只老乌鸦？（老乌鸦是《权力的游戏》中的一个角色，智慧老人的形象化）

小糯米：就是《权力的游戏》里面的那棵老枯树，老乌鸦。（枯树在意象中也是一个没有生命活力的象征）

老师：它是动物还是植物？

小糯米：是一棵成精的植物，知晓世间一切的植物。

老师：现在感觉你能找到这只老乌鸦吗？

小糯米：能找到。

老师：能找到对吗？现在老乌鸦有什么话想对你说吗？（咨询师这样引导是为了激起来访者自己的悟性！）

小糯米：老乌鸦跟我说他没法告诉我的肉体在哪里。（这也是一个阻

抗，来访者还没有面对自己的心理能量、还没有准备好面对自己）

老师：然后呢？

小糯米：然后……就是一个没有肉体的人，就是一个雪人。

老师：老乌鸦没有告诉小花肉体在哪里，对吗？

小糯米：对啊！

（咨询中又遇到一个阻抗）

老师：但注意啊，老乌鸦说我不会告诉你的肉体在哪儿，但是我会送一个礼物给你，说不定以后对你有帮助。你感觉老乌鸦会送一个什么礼物给小花，给这个雪人？（礼物是为了帮助她增加内在能量）

小糯米：会……送一本天书吧！

老师：天书是吧？现在就把这本天书收好，那你感觉小花看得懂这本天书吗？

小糯米：她看不懂，但是这本天书会给她很大的能量，她有了这本天书以后就能上天入地，拥有很大的魔法。（礼物的功能就代表内在缺乏的能量的类型）

老师：好，现在小花就是一个有魔法的雪人了，对吧？

小糯米：嗯。

老师：现在小花是清醒了，还是有些迷茫，不知道该怎么去寻找她的肉体？

小糯米：厉害了，但是小花会觉得就做一个雪人也挺好的，找不到肉体就不找了吧！（这也是一个阻抗，表明来访者还是没有准备好）

老师：不一定，说不定能找到呢。到时候她就可以两种身份进行切换对吧？她还能跟肉体之间经常下下棋、打打乒乓球什么的，打发时间。好，这个时候，小花回到房子里，注意在房子的地下室里面会有一个小怪兽，现在你找一下小怪兽躲在哪里。（房子是一个人的心房，房子的好坏代表一个人的心理状态。地下室是内心深处的潜意识，小怪兽是介于本我

和自我之间的一个原型,类似于《魔童降世》的哪吒或者《大圣归来》里面的大圣)

小糯米:小怪兽?地下室?

老师:它可能是个动物,也可能是个精灵。

小糯米:地下室里面有个水池!

老师:地下室里有水池?

小糯米:对!

老师:现在你看看,地下室的水池里有什么东西吗?

小糯米:鳄鱼!

老师:有鳄鱼?好的,你感觉这条鳄鱼会说话吗?

小糯米:不会说话。

老师:现在让雪人小花用天书的能量跟它做一个心灵上的对话,你感觉他们能沟通吗?

小糯米:能沟通吧!

老师:小花问它,鳄鱼你好,你叫什么名字?鳄鱼是怎么回答她的?

小糯米:我知道了,雪人就是鳄鱼,他们会合二为一,鳄鱼变成人了!(小糯米感觉舒了一口气,接纳了自己心中认为的不完美)

老师:小雪人和鳄鱼会合二为一,变成人了?变成人了吗?

小糯米:变成人了!

老师:变成了什么人?

小糯米:变成一个神仙!

老师:现在你感觉这个神仙叫什么名字?

小糯米:我想想啊……叫哪吒吧!(哪吒是一个创伤原型,来访者内心深处隐藏的心理创伤)

老师:哪吒,好。现在小雪人的心情怎么样?哪吒心情怎么样?

小糯米:哪吒心情很开心吧,重生了!

老师：重生了，现在你把哪吒给画出来吧！

复盘解读：一般情况下一到两次治疗会改善来访者的情绪状态，但并不能改善来访者的人格，除非出现了顿悟的现象。但是顿悟的感觉不一定出现在当下，也可能会出现在第二天、第三天或者一周之后。如果没有这种顿悟，那我们仍旧继续要讲这个故事。故事要讲到什么时候呢，通常情况下讲到12次到13次，来访者的性格会做一个改变。注意，这不是一个很枯燥的东西，因为这个方法的特点更适用于小孩。小孩的想法会比较多，每一个故事都是不一样的，但是方法都是一样的。一切方法就是首先有一个主人公，主人公是他自我的体现，但是这个主人公是有一些问题的，比如铜像、雕塑什么的，之后就是去寻找。但是在寻找过程中就会遇到阻抗，你有可能有一段是浪费时间的过程，遇到阻抗之后你们就是队友。

现在继续讲故事，老师看了小糯米的绘画之后……
老师：这个哪吒是藕做的还是肉做的？
小糯米：藕做的吧！
老师：藕做的？还没有好！没事，现在哪吒得到了第三个任务，还会找到他原来的肉体，他要去找他原来的肉体。这时候他的第三段冒险之旅启程了，他得到这个任务之后会怎么做？知道怎么做吗，还是需要去找人问问？（这一段是咨询师为了挖出来访者更大的心理创伤主动做的引导）
小糯米：找人去问吧！
老师：这个时候你感觉他想找谁去问？
小糯米：找他的师父太乙真人吧。（太乙真人是力量和智慧原型，也是为了增加内在能量、面对自己的勇气）
老师：这样，我们先不找他师父。（老师建议他先不找师父，万一我

们给来访者的引导他找不到的话就让他自己去找）

老师：现在让哪吒去翻一下这本天书，看看天书能够给他什么启示。

小糯米：天书让他去他出生的地方，陈塘关！（陈塘关是哪吒的出生地，也是他创伤产生的地方。对于来访者来说就是她的童年，她出生的地方给她造成了心理创伤）

老师：现在你感觉他到了陈塘关没有？当他到了陈塘关之后你感觉他看到了什么？

小糯米：看到了爹妈，还有两个哥哥。

老师：爹妈认识他吗？爹妈能看见他吗？还是不能看见他？

小糯米：看不见。（看不见也是一种阻抗，表明来访者在家庭中得不到爱、得不到认可）

老师：爹妈看不见他，两个兄弟看得见他吗？

小糯米：也看不见。（兄弟看不见说明他的状态是爹妈不爱、兄弟也不爱）

老师：两个兄弟也看不见他，你感觉他下一步会怎么做？

小糯米：他会飞回去找他师父。（回去找师父说明他想逃离这个地方，在别的地方找安全感。现实生活中如果一个人找不到来自家庭的安全感，那么他一定会在别的地方寻找安全感，比如说在配偶等身上去寻找，这样很容易导致二次创伤，婚姻生活过不好，孩子也带不好）

（注意：当他说什么都看不见，没有办法回归家庭当中，这也是一个阻抗，不过还好他说他飞回去找他师父了，老师继续往下探）

老师：然后呢，他找到他师父了吗？他找到太乙真人之后，太乙真人有什么话想对他说，或者有什么要指点他的，或者有什么东西要送给他吗？

小糯米：师父会教他学本领吧，然后让他留在自己门下。（表明他还是不愿面对原生家庭）

老师：这时候小哪吒对太乙真人说很想留在他门下，但是我一定要寻回自己的本体。

小糯米：本体已经没了，不存在了！（小糯米继续阻抗）

老师：没事，他找得到，这就是我们的目标。但是有可能这个本体已经支离破碎，可能脚是脚，手是手。不过没关系，我们能一个个找到然后把他拼起来。现在哪吒打算怎么办？太乙真人对他说我不能立刻告诉你应该怎么办，但是我可以给你一些礼物，说不定你能派上用场呢。现在你感觉一下太乙真人会送什么东西给他？

小糯米：还有一个途径找本体。

（小糯米感觉自己编不下去了，想要逃避回到前世，找前世的本体。小糯米感觉回到前世又可以编一个别的故事了，心灵深处不愿直面的东西就可以回避了！）

老师：找前世的本体，没关系，回到前世之前可以问师父要一个礼物。（礼物可以继续帮她增加内在能量，有面对的勇气）

小糯米：可他已经有天书了，他不需要礼物了。

老师：还会给他一个礼物！

小糯米：那就乾坤圈吧！

老师：现在我们重新回到这个房子里。在这个房子里你去找一下，上回你找的那个龙蛋，我记得让你孵过的那个龙，你看看那个孩子和龙，他们现在在哪里？（孩子是天真者原型，天真者可以让人更活泼，龙也是力量的象征，是可以帮助她增加内在力量的）

小糯米：意象中的孩子是吧？在楼梯口！

老师：现在哪吒过去和他打个招呼，说你们好，现在我要去找到我的本体，我不知道我的本体在哪，我知道可能在这个房子里面，可能有个地图啊、日记本什么的能够帮助我找到这个线索，你们俩对这里挺熟的，你们俩能帮我找到吗？要么找到本体，要么找到与本体相关的线索。（日记本是线索，帮助来访者寻找所需要的东西，日记本见证的是过去）

小糯米：龙会带他去！

老师：龙跟小孩清楚它在哪里？

小糯米：龙会带他穿越吧！回到前世，这一世的本体已经没了。（小糯米想继续逃避）

老师：等一下，先不说前世，我们就找这一世的本体，能找着的。现在这时候龙会带你到地下室一个很隐秘的角落里，那里有一个很可怕的盒子，在这个盒子最下层有一张地图，能够帮助你找到关于本体的信息。你看能找到这个盒子吗？这个盒子是什么样子的？（盒子也是咨询师引导的一个媒介，帮助哪吒寻找自己的本体）

小糯米：是那种装首饰的盒子，里面有个日记本，记录了一些关于我本体的信息。

老师：现在你看看你的本体是处于什么样的状态，里面记录了哪些跟本体相关的信息？

小糯米：本体是一个小孩子吧，但是这个小孩已经死了。

老师：那这个尸体现在在哪里？（意象中的尸体、牢笼、骷髅、骸骨、坟等代表的都是心理创伤）

小糯米：已经腐烂了！

老师：葬在哪里？

小糯米：葬在坟里吧。

老师：那我们就去找一下坟在哪里。能直接过去吗，还是会遇到一些阻碍？这些都没有关系，现在这个龙说会跟你一起上路！

小糯米：葬在山坡上，但是这里已经没有人去看了，就算要过去的话也会是一些荒草啊，是一个小土堆。

老师：那我们就去找一下这个小土堆。现在我们的小目标就是找到那个小土堆。你感觉那个小土堆在什么方向？离这里远吗？是在一个大家都知道的地方还是一个被大家遗忘的地方？

小糯米：是被大家遗忘的地方……

老师：这个小土堆是在哪里？河边？山上？森林？还是别的什么地方？

小糯米：在一个山上。

老师：在一个山上？这个山距离这里远吗？

小糯米：几公里吧！

老师：现在让那个龙和小小孩和你一起上路。

小糯米：嗯。

老师：找到那个小土堆了吗？现在把这个小土堆挖开，（停了几秒）现在有没有挖到一具骸骨？

（小糯米已经低头掩面说不出话了。老师继续对她说）

老师：现在你去亲吻一下骸骨，现在对这骸骨说我很喜欢你，无论你是什么样，我都会无条件地接纳你……（亲吻骸骨就是亲吻自己，对骸骨说的话也是对自己说的话）接纳，接纳，阳光温暖……

（小糯米只觉得一股暖流涌上心头，涌出眼眶，在爱与接纳以及阳光的温暖下，那个自己一直不愿提起，也鲜少有人关心过的，被人认为无足挂齿的小事情终于被理解，被接纳，被关心……心理防线也彻底崩溃……所有的委屈、愤怒、不被理解都在这一刻烟消云散了！就让这股暖流尽情地流淌吧……)

（这种感觉是很爽的，这是一段效果非常好的接纳。对于一个有心理创伤的人来说，这种接纳效果是非常好的！很多来访者在做咨询的时候都会流泪，不用压抑，流完泪心里就会超级舒服。）

（大约过了10分钟，小糯米整理了一下自己的情绪，看着老师，感激地对他说：老师我好了！）

老师：没事，你只是这一阶段好了，我们继续！现在你跟我描述一下，现在骸骨已经变成了一个孩子对吧？现在这孩子是什么样子的？

小糯米：七八岁的时候吧！

老师：好，精神状况怎么样？

小糯米：挺开心的。

老师：挺开心的。好，现在这个七八岁的孩子再看着哪吒，看看他们之间有什么话想和对方说吗？

小糯米：孩子说他不会觉得害怕了，不会觉得孤独了！（害怕、孤独是来访者潜意识的主要心理状态）

老师：下面这个龙还在旁边继续挖这眼泉水，继续挖，现在那眼泉水喷涌出来了吗？

（小糯米点了点头）

老师：好，现在让哪吒和那个孩子，其实他们是同一个人对吧？你感觉他们想各自有一个身体还是愿意合二为一？

小糯米：愿意在一起，合二为一。

老师：好，当他们合二为一之后，你感觉他们现在有什么变化吗？

小糯米：他们越来越强大了。

老师：他们外形上有什么变化吗？现在还是哪吒吗？还是别人？

小糯米：长大了吧！

老师：长大了？男孩还是女孩？

小糯米：女孩。

老师：是个女孩？一个几岁的女孩？

小糯米：二十几岁。

老师：漂亮吗？（漂亮说明她对自己长大后的状态还是挺满意的，自我认可度比较高）

小糯米：蛮漂亮的！

老师：好，可以！这样，现在让这个女孩跳到生命之泉的泉眼中，逆流而下。这个生命之泉的泉眼通往一条巨大的地下河流，现在你感觉一下当这个小女孩跳到巨大的地下河流中,注意一下,这地下河流是生命的河流,现在就让她顺着这个地下河流去漂流,你跟我说一下当这个女孩儿去漂流的时候她的感受是什么?(地下河流类似于母亲的子宫,是婴儿最原始的最初的依赖,也是孕育生命的地方,重新游一遍地下河就是重新开启生命)

小糯米:她感觉挺舒服的。

老师:好,继续漂流!当你的眼前出现什么情况,出现什么东西的时候你就告诉我。

小糯米:有漩涡,有瀑布,是一个峡谷,就像三峡一样的峡谷。

老师:现在已经出来了是吧?

小糯米:嗯。

老师:现在我们再去找一条被关押着的美人鱼,有一条美人鱼被关押着,现在你感觉这美人鱼被关押在哪里?(美人鱼是爱人者原型,植入美人鱼可以帮她增加爱人者意象,更有女人味,更认可自己的魅力)

小糯米:嗯……会被关押在一个牢房里吧?

老师:一个牢房?现在你感觉你一个人去就行了,还是要一起叫上恐龙,家族中的一些战士或者斯巴达克斯?

小糯米:可以把他们全部叫上。

老师:把他们全部叫上?好的,现在你感觉最能够帮助你的是谁?

小糯米:斯巴达克斯。

老师:斯巴达克斯?好的,现在你这个小团队到天牢了吗?现在你感觉天牢里面有守卫吗?

小糯米:没有守卫。

老师:现在你能够进去把美人鱼给救出来吗?

小糯米:能进去。

老师:现在这个美人鱼被关在什么地方?

小糯米：关在天牢，我把门打开直接就把她牵出来了！

老师：好，她的精神状况怎么样？

小糯米：出来以后她就很开心。

老师：现在试试看，你们都完全自由了对吧？现在试试看，让这个美人鱼和你合二为一，现在看看还有什么变化吗？

小糯米：更高了。

老师：好的，好。现在深深地吸口气，慢慢地睁开眼睛。

（小糯米睁开了眼睛）

老师：现在感觉怎么样？

小糯米：感觉很好！

老师：好的！

咨询结束。

注：这是一个自卑与超越的过程，把潜意识里面隐藏的东西浮现出来，被意识理解和接纳，人格就会逐渐趋于完整。当然，对于一个有创伤的人来说，这次咨询虽然效果不错，但是还需要多做几次咨询，因为创伤很可能不止一个。

第二章
案例实录

治疗实录一

来访者：小N，25岁，女

咨询师：王春波（波波老师）

背景：小N工作非常努力，而且人脉资源特别多，但每个月都没有达到预期的业绩指标。

第一次小N画的房树人：

我们很明显从房树人图中发现了问题：整个画面都在上半部，下半部是空的，说明她有点脱离现实。房子是一层的，双开门，树是松树，没有

果实。于是波波老师带她到了意象对话的地下室，在地下室里找到了魔镜，魔镜中是小 N 自己的样子。此时波波老师让她对着镜子中的自己进行爱与接纳："无论你是什么样子，我都无条件包容你的处理。"处理了 5 次后，指引小 N 找到房子周围的游泳池，让她在阳光下的泳池里游泳，并且把小海豚召唤进来。

现在来看第二张图。

第二张图整个画面还是半截，房子比第一张图的房子大，树变成了苹果树，并且波波老师引导小 N 给树浇水，期待她的事业能够更好一些。图中的人变成了坐在书桌旁的小姑娘，比较开心。这次仍然带她到地下室去处理，再做一次爱与接纳："无论你是什么样子，我都会无条件地接纳你，包容你。"做了 5 次处理后，到屋外的游泳池里面去，在阳光下游泳。之后加入了到海底寻找爱的源泉、生命的源泉和力量的源泉，并让它们完全吸收到体内。做完意象后，小 N 此时心情很不错。

现在来看第三幅图。

第三幅图里，这次整张图的结构就显得比较舒服了，小 N 还主动画上了太阳，房子变成了两层，还有了院子，并且有了烟囱（注：情绪有宣泄），有了太阳（注：心情开朗），银杏树在整个画面中所占比例非常大。

银杏树是有果实的,所以表示她非常开心。波波老师便去引导她给银杏树浇水,让果实长得更大一些。人画了一个大大的笑脸。这次仍然带她到地下室去做处理,并且去泳池里游泳,并找到爱的源泉、力量源泉和生命的源泉。

小 N 在一个月里连续心理治疗了四到五次,她 10 月份的业绩是 18 万元,11 月份业绩是 41 万元。特别说明的是,10 月和 11 月都是教育行业的淡季,能做 15 万元就已经很棒了!

事实证明,心理学不但能治好心理疾病,也能让人们的事业有所收获,并且朝着自己想要的地方去主动努力。

治疗实录二

来访者:男孩,12 周岁

咨询老师:顾鑫锋(以下称 Jeff 老师)

第一次治疗:

第一步:先画房树人,画的过程中发现很多问题。(这里大家可以根据提示思考一下这孩子的心理问题是什么。）

1. 涂抹、划掉；
2. 烟囱画在左面，且烟往左面飘；
3. 栅栏状，无屋顶，门在边上，房屋前没有路；
4. 人体为线状，没有五官，单人；
5. 太阳在右上角且是半个，一朵云在下雨，其他没有什么内容。

第二步：
接下来 Jeff 老师采取意象对话及叙事疗法进行处理。

1. 阳光灿烂，太阳当空照，太阳神不停地将能量传递过来，渐渐地乌云退去了，雨停了；
2. 给人脸画上一张笑脸，突然感到整个人心情变得很好；
3. 给果树浇水，感受一下果树的心情。果树也变得非常开心，果实大又甜；
4. 整幅画里各种事物的心情都很好，都成为好朋友；
5. 闭眼，此时他眼前出现一幢房子，发现有个地下室，发现入口处有个魔镜，他在魔镜里看到了一辆车。进入地下室后马上看到了一个出口，出口通向上海外滩，看到了上海外滩美丽的景象如东方明珠、轮船等，其他就看不到什么了；
6. 有一个由阳光填满的泳池，下去游泳，发现很多班级的同学都在，而且还有五只快乐的小海豚。小海豚化身成了快乐的精灵，对大家说："无论你是什么样子，我都会无条件地接纳你，我爱你。"重复几遍后，大家玩得越来越开心，心情越来越好，睁开眼。

第三步：
再画房树人。（这里大家可以再根据提示分析一下这孩子内心的变化）

1. 这次房子变大了，屋顶正了；
2. 屋顶上有瓦片；
3. 烟囱变直了，炊烟往右；
4. 门画在正面，有大窗户，有电梯；
5. 没有乌云有很多白云，有山有路，太阳完整但比较小。

第四步：
睁眼情况下让他想象太阳逐渐变大，直到放出的光芒变得非常耀眼。随后再闭眼进行叙事疗法及意象对话。

1. 来到一个地下室，魔镜又出现了，看到自己在玩，但是一开始没看清，仔细看后发现自己在打篮球；
2. 继续往前走，来到浴室，透过浴室里的镜子看到别人在踢足球；
3. 发现一个宝盒，但是打开里面没宝物；（内心阻抗）
4. 继续往前走，发现一个监控室，有些屏幕亮有些暗，各占一半。打开灯又发现一个宝盒，还是没看到任何宝物；（内心阻抗）
5. 继续往前走，发现柯南也在地下室，在10号房间。柯南也喜欢打篮球，就邀约一起打球；
6. 打完球汗流浃背，回到浴室洗澡，魔镜里看到其他人，老人、男女都有，在聊天；
7. 再到有宝盒的房间，此时打开看到一颗珠子，白色，发亮；
8. 带着这颗宝珠前往深海，慢慢下沉，发现银白色的力量源泉，对他说："不管发生什么，我都会在你身边支持你，保护你，给你力量。"喝下泉水后再次回到地下室，发现所有的房间都变亮了；
9. 柯南回家了，自己睡得很好，醒来后发现一条叫汪汪的小狗，从此成为好朋友，每天相伴长大。睁眼。

第二次治疗：进行曼陀罗画图治疗法

第一步：

先画圆（1）。各个颜色基本上都是开心的，其中浅黄色和红色非常开心，灰色是伤心的，彼此之间都是好朋友。用手掌心去碰触圆，感受不到对话。马上用海底的意象处理，慢慢沉入海底，脚底是沙子，发现的力量源泉是紫色的，对他说："不管发生什么，我都会在你身边支持你，保护你，给你力量。"重复多遍后睁眼。

第二步：

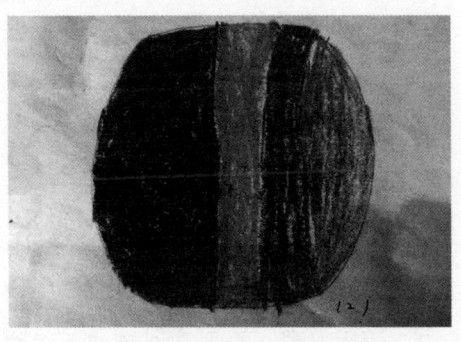

再画圆（2），此时要让来访者自己感受圆与圆之间的关系和对话，激发内心：灰色变开心了，紫色是开心的，橘黄色和蓝色是非常开心的。

（2）对（1）说："你的颜色很不错。"

（1）对（2）说："你的颜色太少了，不太够。"

（1）和（2）是好朋友。

用手掌心去碰触圆，圆和自己依旧没有对话。继续往海底深处沉，发现爱的源泉，并告诉他："不管你是什么样子，我都会无条件地接纳你，我爱你。"重复多次后睁眼。

第三步：

接着画圆（3），并再次感受三个圆之间的对话。

（3）对（1）说："我的比你好看。"

（3）对（2）说："你的颜色太少。"

（1）（2）对（3）说："你的颜色太多了。"

（1）（2）（3）是好朋友。

用手掌去触碰圆，闭上眼感受，圆依旧没有对自己说话。

此时深呼吸，慢慢地想象前面出现一个山洞（象征母亲子宫，能带来安全感），往里走去，随后发现一个恶魔（可能是心中某种创伤原型），恶魔的牙齿非常尖锐；拿第三个圆逐渐靠近恶魔，发现恶魔逐渐变善良了；慢慢地第三个圆将恶魔包裹了起来，发现恶魔动不了了，嘴巴还能动；第三个圆逐渐缩小，发现恶魔也跟着缩小，最后圆消失了，恶魔也跟着消失了；此时发现不远处有个宝箱，打开一看，没发现任何宝物；继续往前走，在山洞深处又发现一个宝箱，打开发现里面有一颗七彩的种子（接纳或打败创伤原型后的战利品）；这个时候海豚出现了，载着他往太阳游去；阳光非常耀眼明媚温暖，将种子种在太阳上；逐渐地种子变成了小苗，用阳光浇灌，小苗不断长大，最终长成了参天大树；最后大树上结出了酸甜可口的大橘子。随后睁眼。

第四步：

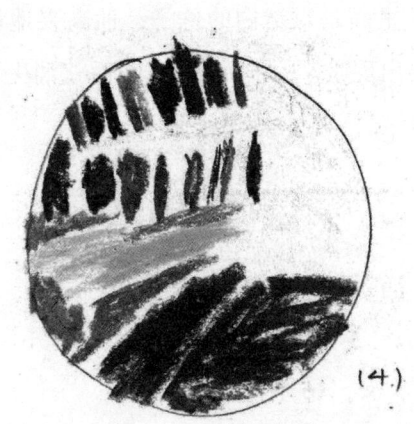

画圆（4），圆（4）非常开心，对前面三个圆没啥想说，觉得都挺好的。用手掌去触碰圆，感受到圆（4）对自己说："你几点才睡觉？"

随后闭眼，想象有一台机器，它可以照射人体的每个部位（X射线透视，感知身体的需要），看有没有暗的地方；胸口处比较暗，试着用圆（4）去接近暗的地方；感觉暖暖的，暗的地方逐渐变亮，最后变得和其他部位一样亮。随后睁眼。

第五步：

来访者此时感受到心里还是有点失落，Jeff老师因此用叙事疗法及意象对话再次进行巩固。闭眼想象前面出现一幢房子，房子里面有个男孩；男孩在厕所洗手，洗完就想要走出房子；告诉他房子里有颗龙蛋，他发现龙蛋在屋檐上；试着去孵化龙蛋，最后孵出了一条龙，脖子长长的，蓝棕色，没有翅膀；龙慢慢长大，虽然没翅膀但是可以飞，载着他去天上玩了一圈，回来后他和龙关系很好，愿意一直做好朋友；告诉他平时龙会隐藏起来，需要时龙就会出现保护他；让他和龙约定，设定咒语、手势或物品，但都没有；此时阳光洒进来，洒到他和龙的身上，感觉非常温暖；龙要消失了，还是希望和他有个信物作约定，否则就很难出现。此时他有点伤心，忽然他感觉有个宝物，他凭着感觉找过去，在三楼的角落里发现一个宝箱，打开后里面是颗洁白的珠子；他高兴地和龙说："我拿出这颗珠子的时候你就要出现哦。"龙答应了，随后就消失了；此时他不难过了，因为他觉得龙会陪伴他一生，心里很踏实。

治疗实录三：道别

来访者：小韩，女，16岁
咨询师：顾林（顾老师）
时间：2019年11月
背景：小韩患有双向情感障碍，情绪不稳定，常自言自语。

顾老师：闭上眼睛，慢慢放松。我们先来到一片草原，看看有什么动物吗？
小韩：有羊，有兔子，还有一只小狼，我很想抱着那只小狼。
顾老师：好的，那我们现在来到一幢房子面前，看看房子是什么样的。

小韩：我可以一直抱着那只小狼吗？

顾老师：可以。

小韩：那我就抱着那只小狼。我眼前的房子是一幢两层楼的小木屋，我弟弟住下面，我住上面。

顾老师：好，那我们现在来找一扇通往地下室的门。

小韩：找到了，在房子中间。

顾老师：那我们进入地下室，看看里面是什么样子的。

小韩：地下室里很暗，有点潮湿，我一直抱着我的小狼。

顾老师：那我们来找找一面有魔力的魔镜，然后看看魔镜里有什么。

小韩：我找到了。魔镜里有个很小的小女孩。

顾老师：我们对着魔镜里的那个小女孩说，我知道你是谁，我会无条件地接纳你，我爱你，我爱你……你看看小女孩有没有发生变化？

小韩：小女孩长大了，长成了一个十一二岁的女孩子，我在镜子里看到了一个操场，我可以进去看看吗？

顾老师：可以，那我们就进去看看。

小韩：这个操场是我们小学的操场，操场上站着一个男孩。我很喜欢这个男孩，但是后来我们毕业了分开了，我到最后也没有和男孩说出自己的心里话。

顾老师：那你现在可以走过去抱抱这个男孩吗？

小韩：嗯，可以。

顾老师：你有没有什么想和这个男孩说的话？

小韩：有，有很多。

顾老师：好，那你现在抱着他，把你心里想说的一点一点告诉他。

小韩：好……（然后开始诉说自己的心里话）

顾老师：你抱着他慢慢说。这个时候阳光会洒在操场上，洒在你们的身上，一点一点地把你想说的话传递给那个男孩。

（在来访者自言自语的过程中）

顾老师：你觉得你还需要抱着他吗？

小韩：需要。

顾老师：好，那你们再拥抱一会，等到你觉得可以了就和我说。

（又过了许久，来访者还在不停地自言自语……）

小韩：好了，我觉得可以了。

顾老师：你觉得他听到你的心声了吗？

小韩：嗯，听到了。

顾老师：那你觉得现在可以和他道别了吗？

小韩：我觉得可以了。

顾老师：好，那你试着放开他，和他道别。

小韩：好的，我和他道别了。

顾老师：好，我们慢慢退出来，回到那个小屋子。放松呼吸，觉得可以了就可以睁开双眼了。

治疗实录四：沉船与古城

来访者：小青，女性，25岁

咨询师：陆钟能（Luna老师）

背景：小青从小学起就开始住校生活。在初中的时候，小青便成了校园冷暴力的受害者，因为封闭式的、直升制度的校园环境，小青在这样的阴影下被困了七年。即便她生性开朗乐观，但成年后的她，仍然心中有着打不开的心结。小青在第一次接受意象治疗的时候，在山洞的牢房中见到了一只老鼠，经过Luna老师的治疗后，老鼠变成了一只白猫。以下是第二次意象治疗的内容。

Luna 老师：好，我们现在来到海边，我们观察一下周围的环境。

小青：海边没什么人，有房子，是夕阳的时候。

Luna 老师：好的，这个画面是美的，是吗？

小青：嗯……

Luna 老师：好，我们现在慢慢地走进海水里，是什么感觉呢？

小青：有点凉凉的。

Luna 老师：好，我们慢慢走进海里，慢慢往海的深处走去，我们看看海里有什么。我们要去找一艘沉船，看看它在海里的哪个位置。

小青：船在一个古城里，海底好像有一座古城。

Luna 老师：古城，非常好，这个古城是什么样子的？（古城代表的是一种较大的创伤原型，往往修复好之后，来访者的心情会很好）

小青：很大，没有人，感觉是很久以前沉下去的。（来访者的自我感知很重要）

Luna 老师：来，我们慢一点。我们先去看一下沉船。沉船是什么样子的？（先从比较简单的创伤开始处理）

小青：很旧很破，沉船当中是断裂开的。

Luna 老师：那我们从裂口处进去看一下，有没有看到什么货物或者贵重物品？

小青：没有，找不到，好像货物不在附近。（这里可能是一种阻抗，我们需要给来访者储存力量）

Luna 老师：好，不着急，我们先出来。这样，我们先去海底的某一处找力量的源泉，我们以前找到过的那个力量的源泉，它在海底的某一处，我们现在去找它。

小青：（过了一会）找到了。

Luna 老师：好，我们现在用手去触碰这个力量的源泉，让力量的源泉把力量传递到你的身上，一点一点地去吸收。力量会传递到你的身上，一点一点地去吸收，直到你觉得完全吸收完为止。

小青：（过了一会儿）感觉吸收完了。

Luna 老师：好，现在我们再让那只猫咪用它的小爪子去触碰力量的源泉，也去感受一下力量的源泉，慢慢地吸收力量的源泉。这时候你会感觉小猫有什么变化吗？（引入上一次咨询时猫的意象进行巩固）

小青：好像变成了一只黑猫，小了一点，但是毛变得更光滑了。

Luna 老师：好，很好。我们现在带着小黑猫一起回到刚才的沉船，看看能不能发现什么东西。

小青：我找到了一幅卷轴。

Luna 老师：那把卷轴打开，看看上面有没有些什么东西，可能会是清单，也可能是其他什么话。

小青：没有，一片空白。感觉，好像是一幅画，但是看不清。（仍有阻抗）

Luna 老师：那我们现在把卷轴带到力量源泉里，让卷轴去触碰一下源泉，看看会不会有什么变化。

小青：好像也没有。

Luna 老师：好，我知道了。现在我们带着刚才那只小黑猫一起往海的更深处走去，一直走，一直走，直到你觉得走到底了，没办法再往前走了。

小青：（过了一会儿）走到了。

Luna 老师：好，不能再走了是吗？

小青：嗯。

Luna 老师：好，这时候我们先前一起孵出来的那条红色的小龙和那个小孩也来到了你身边，有了他们的加入后，你们一起再往前面走，一直走，一直走，你会找到另一个更深的力量源泉。

小青：（过了好一会）嗯，我找到了。

Luna 老师：好，我们现在到这个力量源泉中，去感受它把力量传递给你身上的每一处细胞，一点一点地去吸收，一点一点地去吸收力量的源泉……好，现在吸收到哪里了，有 10% 了吗？

小青：嗯，感觉吸满了。

Luna 老师：好，没关系，再继续吸收，我们可以再继续吸收，可以超过 100%，还能再吸收的。现在感觉如何？

小青：觉得头有点晕。

Luna 老师：好的，非常好，这就对了。现在我们把那只小猫也放进去继续吸收力量的源泉，让它也尽情地吸收。

小青：（过了一会儿）猫好像又变了，感觉变成了人的形态。（当意象发生进化类的改变，一般都是越来越好的）

Luna 老师：哦？是什么样子的？

小青：五官还是动物的样子，就是身体变成了人，男的，有一种很正义的感觉。

Luna 老师：好的，我们现在和他一起回到沉船的位置。我们现在还要做一件事，就是把力量的源泉传递给那艘沉船，把力量传递给那艘沉船……（适当放慢语速和重复话语）我们再来看一下这时候沉船有没有什么变化？

小青：好像变干净了，变新了。（当破旧脏乱的环境得到改善，说明来访者心态有明显好转）

Luna 老师：好，那我们再去找找沉船里有没有其他的东西。

小青：好像还有一把钥匙。

Luna 老师：好的，这把钥匙很重要，我们先把这把钥匙收起来放好。我们再去看一下那个卷轴有没有什么变化。

小青：嗯，好像是一幅地图，地球仪的样子。

Luna 老师：好，我们现在要在船里找一样很重要的东西，可能是船的引擎，也可能是船轴或其他可以使船重新启动的东西。我们找一下，应该就在船的某一处，找到了吗？

小青：嗯，找到了。

Luna 老师：好，你找到的是什么？

小青：是一个发光的能量球。

Luna 老师：那我们现在把能量球融入沉船，看一下，沉船现在可以启动了吗？

小青：可以！

Luna 老师：那我们就让沉船启动起来，浮出海面，让它自己去世界各地周游。

小青：好了。

Luna 老师：好，我们现在再来看一下古城，同样的，我们把刚才的力量源泉的能量传递给这座古城，让它被力量源泉笼罩、包围，我们看看有没有什么变化。

小青：断裂的建筑变完整了，古城变得很白。

Luna 老师：好，现在阳光组成的小海豚又出现了，它会带着你们一起飞向太阳，飞去太阳的里面。

Luna 老师：飞到了吗？

小青：嗯，飞到了。

Luna 老师：好，我们现在把太阳的力量传给古城，然后力量源泉也把力量传递给古城。现在，我们海底的地下，力量源泉之下，还有一片岩浆，一片很有力量的岩浆，岩浆也将能量传递给这座古城。现在这座古城同时吸收了这三股能量，把整座古城从海底托了起来，渐渐地，古城露出了海面，牢牢地扎在海面上……（面对创伤比较大的来访者，一定要储备充分的力量，这样比较有把握）

小青：嗯，古城全都浮出来了。

Luna 老师：好，现在古城是什么样子的呢？

小青：很大，很美，但是没有人，很安静。

Luna 老师：好，那我们现在重新回到海底，海底里还有一个生命的源泉……我们一起去找一下生命的源泉。找到了吗？

小青：嗯，就在力量的源泉旁边……

Luna 老师：好，那我们现在去吸收生命源泉的力量，让生命的源泉把力量传递给你和那只变成人的猫，也一起去吸收。

小青：（过了好一会儿）我觉得吸饱了。

Luna 老师：那现在感觉怎么样？

小青：我的猫好像已经完全变成了一个年长的男人，头上还有王冠，感觉像是一位国王。

Luna 老师：好的，那我们现在把这股生命源泉的力量传递给古城，让古城也感受一下这个力量。然后你会看见开始有居民搬到你的古城里生活，渐渐地古城里的人会越来越多。现在你觉得古城变得怎么样了？

小青：嗯，变得很热闹，很开心。

Luna 老师：好，那古城有商店吗？

小青：有，还有集市，有卖花的，卖水果的，卖酒的。

Luna 老师：很好，还看见有什么吗？

小青：还有喷水池，还有两座雕塑，一座是小海豚和小海豚变成的小男孩，还有一座是国王的雕塑。

Luna 老师：好，是居民为了感谢他们，所以把他们纪念起来的吗？（雕像也有可能还是没有处理好的创伤，所以要向来访者确认雕像存在的意义，如果意义是好的就没有关系）

小青：嗯，好像是的。但更觉得国王和小海豚好像本来就是生活在古城里的。

Luna 老师：好的，那我们把这个古城的画面在心里好好感受一下，记录下来。然后如果你觉得差不多了，就可以缓缓睁开眼睛。

当古城在来访者心中修复之后，当下来访者就表示有一种失而复得的奇妙感觉，似乎古城在来访者的童年里就是存在的，但随着成长经历的创伤，渐渐地，古城便沉入了潜意识中一个不被碰触的角落。

治疗实录五：龙宫里的亲情

来访者：L 小姐，24 岁
咨询师：张璐璐（璐璐老师）
背景：L 小姐给人的感觉是各方面都很不错，但对男性有一种莫名的抵触。

璐璐老师给了 L 小姐一张白纸，让她凭着感觉画出房树人，并说："如果有需要修复的创伤，一定会在不同的地方呈现出来，凭着你的感觉画吧。"

看到这幅图，璐璐老师并没有立刻对图画进行分析，而是让 L 小姐闭

上眼睛，先进行意象对话处理。

璐璐老师：闭上眼睛，在你的眼前出现一栋房子，观察一下房子的外观、周围以及天气情况……

L小姐：是一间白墙灰瓦的徽式建筑，周围好像什么也没有，草地上吧，天气不好，阴天，看不清楚。

璐璐老师：好的，那你试着走进这样的房子里，可以做到吗？……做不到也没关系。

L小姐：（稍微舒了一口气）说实话，我比较害怕这种灰白的房子。

璐璐老师：好的没关系，这时候从天上下来一只海豚，它会帮……

L小姐：这个海豚把我的房子挤坏了，它像蛇一样缠绕在房子外面，它把我的房子弄坏了！

璐璐老师：好的，不着急。这只海豚太强烈了，让先它回去，它向你保证它不会破坏你的房子。

L小姐：我为什么相信它？

璐璐老师：那好，没关系，那就让它回去吧。这时又来了一只小海豚，可以让它来到你的身边吗？

L小姐：可以，它很可爱。

璐璐老师：那试着你俩一起走进房子。

（L小姐再次犹豫了……）

璐璐老师：那把我的意象加进去，我和小海豚站在你的两边。

（L小姐继续犹豫，许久……）

L小姐：我好像自己一个人进来了，我不确定是不是。我在一个像是塔内一样的地方，空旷高大，还有回声。

璐璐老师：是的，你已经进来了，这里藏着一颗龙蛋，需要你把它找出来。

L小姐：啊，在这里，我一抬头就发现了，它悬在塔的空中。

璐璐老师：很好，你把它抱在怀里，用你的体温孵化它。

L小姐：这颗龙蛋的质量不好。那么大的外壳，里面都是实心的，最中间才是一只小小的龙，那么一点点小。

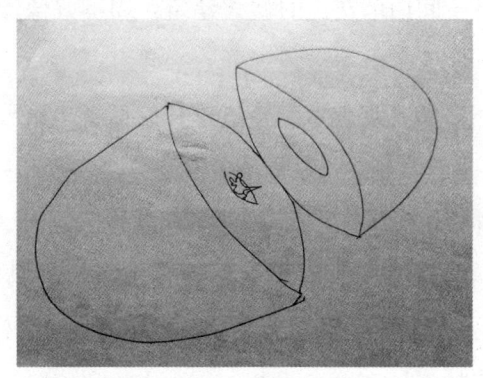

璐璐老师：你亲吻它一下，作为你们的契约，它只属于你一个人，它也只听你一个人的声音。

L小姐：好了。

璐璐老师：让它也亲吻一下你，相互的契约。然后你把它继续养大，时间慢一点没关系。

L小姐：好的，变大了，我亲一下它，它就变大了。

璐璐老师：你给它取个名字。

L小姐：小可爱。

璐璐老师：好的，现在让这只小可爱住在你的脊柱里，只有你可以召唤它出来。现在从房子里出来，看看你的房子外观有什么变化吗？

L小姐：变成了那种古代的大宅一样的，门槛变高了，还有三级台阶，有院子。

璐璐老师：祖上变阔了嘛！……那你继续走进眼前的房子，在里面找到一个可怜的小女孩。

L小姐：找到了，她在长长的走廊上跑，一看见我，就躲得远远的。

璐璐老师：你过去和她打个招呼。

L小姐：好了。

璐璐老师：你眼前的小女孩是什么样子的？

L小姐：像个小哪吒一样，眼睛里透着惊恐。

璐璐老师：你上前抱抱她，看她是否愿意。

L小姐：她愿意，抱好了。

璐璐老师：你邀请她和你一起冒险，看她是否愿意。

L小姐：她很喜欢和我一起。

璐璐老师：太好了。你们的首要任务就是帮小女孩也找一颗龙蛋。

L小姐：啊哈，找到了，在院子的水池喷泉里。

璐璐老师：好的，那你帮小女孩把龙蛋拿过来，给小女孩。同样的用她的体温把这颗龙蛋孵化出来，并相互亲吻作为契约。

L小姐：好了，这是带着翅膀的龙。（这次孵出的龙蛋效果更好了）

璐璐老师：一样的。让小女孩给它取个名字。

L小姐：小金刚。

璐璐老师：现在它们在干什么呢？

L小姐：小金刚带着小哪吒飞上了天空，原来外面这么美这么大。

璐璐老师：接下来你们要一起去冒险了。你来到大海边，你慢慢地向这片海走去，在海里，你一样可以自由地呼吸。慢慢地向海底深处走去……

L小姐：好了，已经到海底了。

璐璐老师：你的脚下是岩石还是泥沙？水是凉的还是温的？

L小姐：嗯……我来到的好像是龙宫，水温嗯……没什么特别的感觉。

璐璐老师：好，这是一个好地方。你在这里找一找有没有什么宝贝。

L小姐：我在一个大贝壳里找到一颗大珍珠。

璐璐老师：好的，那你收好。这是个好宝贝。你再继续看看其他还有什么吗？

L小姐：还有一只小鲸鱼，它落在我的肩膀上。我还看到了龙王，很慈祥，他招呼我过去。

璐璐老师：他一定有话要告诉你。近一点，听一听他要告诉你什么。

L小姐：他说那是他的儿子。我看到龙王三太子走了过来，他很绅士、礼貌。

璐璐老师：你看看他有没有话要告诉你。

L小姐：没有，他只是和我礼貌地微笑问好，我们好像在哪里见过，很熟悉的那种。

璐璐老师：你确定是三太子或者……（引导来访者感知意象中的人物身份和关系）

L小姐：不一定是三太子，反正是龙王的儿子。

璐璐老师：好的。这时候龙太子的魂魄住进了你的身体，感觉一下，你有什么变化吗？

L小姐：我觉得我变得有力量了，眼睛也明亮了。

璐璐老师：很好，这时候看看龙王有没有话要告诉你。

L小姐：龙王和我说我是奇才，以后我还会回来这里的，他还要把龙宫交给我打理。

璐璐老师：好的。你谢过龙王，开始你的下一个征程。接下来你要去寻找力量的源泉。你继续带着你的小伙伴们往大海的最深处走去……

L小姐：嗯，我找到了，我来到了一片森林，森林的地面在颤抖，原来森林里面是一座火山。

璐璐老师：那你试着让火山喷发出来。（火山喷发有助于来访者宣泄情绪）

L小姐：不行，喷不出来。

璐璐老师：你刚刚不是收下了一颗珍珠吗？现在需要用到它，你把珍珠投进这座火山里……

L小姐：好了，火山爆炸了，白珍珠漂了上来，是一颗火红的珍珠了。

璐璐老师：好，把你的珍珠收起来，我们还是需要继续寻找力量的源泉，继续前进。

L小姐：我好像看到了，原来我在的这片森林是一位巨人用手托住的，我和他站在对面，他把他手里托住的森林轻轻推给了我，让我管理这里。

璐璐老师：那你问一下森林的意愿，它是愿意继续在海底还是要去岸上生长。

L小姐：它还是想在海底。

璐璐老师：好的，尊重它的意愿，放手让它继续留在海底吧。你问一下巨人是否愿意和你一起前行冒险。

L小姐：他非常愿意。

璐璐老师：那你给他取一个名字。（建立子人格）

L小姐：石头先生。

璐璐老师：哈，给人家取一个高大上的名字行吗？Stone，怎么样？中文名字石头先生。

（璐璐老师开的玩笑使氛围突然间变得轻松许多）

璐璐老师：接下来你们继续前行。

L小姐：我们坐在石头先生身上，他的速度很快，好像变成了一条鱼，我看到力量的源泉了，是一口井，还冒着白色的烟雾。

璐璐老师：好的，那你下到井里，里面有什么？

L小姐：咦！里面有一具白骨。（发现创伤）

璐璐老师：你对着他说："无论你是什么样子，我都无条件地接纳你，我爱你。"多说几遍……看看他有没有什么变化。

L小姐：他眨眼睛了，拼凑在了一起，成为人的模样。

璐璐老师：好的，继续做接纳："我爱你，无论你是什么样子……"

L小姐：他变成了一个小孩子，小男孩，眼睛很大。

璐璐老师：那你听听他有没有什么话要告诉你。

L小姐：他说他知道力量的源泉在哪里，在井底。井底发着光。

璐璐老师：好，去看看。

L小姐：井底喷出喷泉来了，把我们都冲了上来。还有一个摆件也一起出来了。

璐璐老师：把这个印记收好，这是个好东西，你找到了爱的源泉。继续找力量的源泉，那个还不是。

L小姐：我看到了，这个不是什么喷泉，是一条大鲸鱼头上的水柱。原来井底被压着一条大鲸鱼，它的身体一直在保护着一个东西，所以它一直被关押在这里，如果它出去了，海洋就会爆炸。

璐璐老师：你过去看看，把它放出来是不是真的会爆炸。

L小姐：不会，不会爆炸，我从井底只能看见它的一只眼睛。它在保护一颗大珍珠一样的会发光的东西。

璐璐老师：你试着用手去触摸一下，看看有什么变化。

L小姐：大珍珠变小了，慢慢地暗了下来，在我手里了。

璐璐老师：你把大鲸鱼救出来。你问一下它是否愿意和你一起冒险。

L小姐：它愿意的。

璐璐老师：好的，你们再继续寻找。继续往海底的深处走去……光线越来越暗，海水越来越冷。

L小姐：我们来到了一条细细长长的隧道，滑了下去，我看到一双大眼睛，原来我们在烧瓶里，就像化学实验室里的那种烧瓶一样。

璐璐老师：你是说眼前的是科学家吗？

L小姐：化学家？科学家？反正是研究人员。他在研究海底生物以及地质情况。

璐璐老师：你是有能力的，你可以和他对话。

L小姐：不行，他听不见我说话，武装得很严密，耳朵戴上耳麦，眼睛戴上透明玻璃镜，嘴巴也是捂起来的。

璐璐老师：你可以变大变小，从瓶子里出来，站起来和他对话。

L小姐：我出来了，站在桌子上，我太小了。

璐璐老师：你可以变大，和他同等对话。

L小姐：好了，哇，他太帅了吧。

璐璐老师：哈哈哈，那你问一下他是否愿意和你一起探险，他深厚的专业知识一定能够帮助你的。

L小姐：好的，他也想去海底看看，要和我一同前往。我们来到海里，但他必须戴着氧气面罩潜水，而我们不用。

璐璐老师：他一定会帮到你的。你们往大海的最深处走去，光线越来越暗，你看到了一座监狱……里面关着什么？

L小姐：啊，是那条大海豚。

璐璐老师：是之前破坏你房子的大海豚吗？

L小姐：是的。它在里面不动。

璐璐老师：近一点。

L小姐：它动了，它快要把笼子撞破了！

璐璐老师：你把你的爱传递给它。

L小姐：它安静下来了，还是很凶。

璐璐老师：你要把它放出来吗？它向你保证它不会伤害你们的。

L小姐：它现在答应了，出来就会乖乖的了，我不相信它。

璐璐老师：好的，没关系，让你的小伙伴们都出来，大家一起把爱传递给它。

L小姐：我们一起围着笼子，爱在我们指尖不断地传递给它，它变小了。

璐璐老师：再仔细看看它是谁？它不是海豚。

L小姐：它是一条大鲨鱼，尖尖的牙齿。

璐璐老师：继续给它爱，继续……再看看它是谁。

（沉默片刻……）

L小姐：是我的爸爸，穿着病号服，奄奄一息坐在角落里。（来访者在这里自我领悟，感知到了潜意识里的投射）

璐璐老师：你有话要对他说吗？

L小姐：没有。

（L小姐这时候已经开始在流泪了，看得出，她在很辛苦地忍着。）

L小姐：他抬起头来了，怀里抱着一个小男孩，是我的弟弟，他走了过来，非常凶，说都怪我，没把他带好。

璐璐老师：不怪你，那时候你还是个孩子，照顾孩子是父母大人的事，孩子就是需要照顾好自己并被别人照顾就可以了。

璐璐老师：你对着你爸爸鞠躬，说："谢谢你把生命传承给了我，我会带着这份生命好好地活下去，终有一天我也会追随你而去，谢谢你。"

L小姐：我弟弟骂我虚伪，说都怪我。

（这时候的L小姐已经泣不成声了，眼泪哗哗地往下流……）

中间，璐璐老师简明扼要地向L小姐了解了一下实际情况——原来L小姐的爸爸在2014年去世了，L小姐本来有个弟弟，3岁时溺水死去。本来就因为三个女孩子，爸爸很少和她们在一起，弟弟不在了，家庭彻底分散，多年后爸爸因病去世。

璐璐老师：你听听你爸爸有没有话要告诉你。

L小姐：他说，他也很无奈，没办法，整天被他的妈妈嘀咕和谩骂，长子一定要有男孩子，他说他对不起我们。

璐璐老师：他爱你们吗？他还是爱你们的。

L小姐：或许爱吧。（L小姐没有听到爸爸说这句话，她不确定。）

璐璐老师：你再看看你的弟弟，他有话告诉你。

L小姐：他一脸纯真与茫然，是个单纯天真的孩子。

璐璐老师：现在未来的你来到这里，对着里面的你说，这不怪你，小孩子不需要照顾别人，只需要被照顾好就好了，照顾孩子本来就是大人的事情……你身边是你的孩子，看看你的爸爸和弟弟有没有话要说。

L小姐：眼前的弟弟18岁了，真的很帅气，他走过来抱着我，告诉我："姐姐这不是你的错，我很感谢有你这样的姐姐，你认真地对待我，我爱你，谢谢你，你不是一个人，我们爱你，你一定会很幸福的。我们永远支持你，加油姐姐。"

璐璐老师：太好了，你看看你的爸爸有没有要和你说的吗？

L小姐：他向我走来，他说："对不起，我爱你们，你们一定要好好地活下去，一定会幸福的。"

璐璐老师：接下来看看弟弟有没有什么礼物要送给你家的两个孩子。

L小姐：弟弟拿出一个装礼物的盒子，里面是两颗珍珠，就像我耳朵上的一样，慢慢地变成了爱心耳钉，很精致。

璐璐老师：这是爸爸的爱。

L小姐：我的爸爸走了过来，抱起我的两个孩子，他好像没有带礼物，他慢慢打开孩子的手，在他们的手心分别画了一个爱心。

璐璐老师：你现在再看一看，这里还是监狱吗？

L小姐：不是，是一间房子，书房？卧室？白色的大床，柔柔软软的，整齐的书柜……

璐璐老师：记住，这是你给你爸爸和弟弟在心里留的位置。即使他们不在生活中，但在家里的位置还是存在的。你现在问一下他们，是想住在这里，还是去你之前的龙宫里呢？

L小姐：他们要去龙宫开创一片新天地。我现在才看清楚，龙王就是我爸爸，龙太子就是我的弟弟，难怪这么熟悉……

（L小姐总算舒展了一口气……）

璐璐老师：你再找找力量的源泉。

L小姐：我看到了，在海底的一片地上有一株小花，它慢慢长大，跃出水面，开出一朵美丽的大花朵，我和小伙伴都坐在上面一起玩耍。

璐璐老师让L小姐在纸上画出这株小花后，并交代L小姐贴在床头。此次咨询结束。

治疗实录六

来访者：悦女士，32岁

咨询师：张正英（Sophia老师）

背景：新冠肺炎期间，患急性盆腔积液，不能及时得到医疗救助，内心焦虑、紧张，需要心理辅导。

Sophia老师：缓缓地闭上眼睛，放松，慢慢调整呼吸，让你的呼吸变得均匀，让你深沉，把注意力放在你的肩膀上。这时候，你的眼前出现了一栋房子，观察一下这栋房子的外形、颜色、屋顶、楼层。

悦女士：房子是个白色尖角的房子，有两层，偏新！

Sophia 老师：好，现在进入房子里看一下。房子里有个人，看看他在哪里，在做什么？

悦女士：他在厅里沙发上坐着。

Sophia 老师：感受一下，他有什么话想对你说吗？

悦女士：没有。

Sophia 老师：好，现在去找一下你的守护神，一个能随时出现保护你的神。他在哪里？

悦女士：在正前方，泛着金光。

Sophia 老师：很好，在房子附近有一支卫队，去找一下这支卫队，观察一下卫队的样子。（我们可以把我们的免疫力细胞在意象中用卫队来代表）

悦女士：卫队在门前，穿着白色的铠甲，看着状态还可以。

Sophia 老师：现在，让你的守护神和你一起来到海边，你的脚踩在柔软的沙滩上，慢慢地走向大海，阳光温暖，微风吹过海面，慢慢往水里走去，慢慢地感受一下水的温度。

悦女士：水是温温的，比较舒服。

Sophia 老师：好，让保护神和你一起，继续往深海里走。在意象中，我们可以在海底自由地呼吸。继续往前走，光线越来越暗，温度越来越低，继续往前走，直到达到海底最深处。现在去找一眼泉，叫生命的源泉，它是所有生命的源头，充满无穷无尽的生命力，看看这眼泉在哪里？

悦女士：找到了，是个发着光芒的泉。

Sophia 老师：好，用你手掌心最柔软的部分去碰触它，吸收生命之泉的力量，让这份力量充满你的身体，直到100%吸收满为止。

悦女士：好了，吸收满了，感觉很舒服。

Sophia 老师：现在去找另一个泉，叫爱的源泉。我们所需要的爱，这里都能满足我们。

悦女士：找到了。

Sophia 老师：同样，用掌心最柔软的部分去吸收它的力量，直到 100% 吸收满为止。

悦女士：嗯，好了。

Sophia 老师：再去找一根金箍棒，也可能是定海神针，找到它。

悦女士：找到了，它在一个盒子里。

Sophia 老师：去拿起它，吸收一点它的力量，并且带走它。

悦女士：可以带走。

Sophia 老师：好，现在去找一个叫照妖镜的东西，也在大海的最深处，看看能不能找到。（照妖镜的作用是希望免疫细胞可以有分辨敌我的作用，在照妖镜的加持下，找到伪装的病毒并消灭，而不是过度防御，伤害我们人体内好的细胞）

悦女士：找到了，是个黑色的，可以带走。

Sophia 老师：很好，现在带着你找到的这些宝物回到卫队那里，将金箍棒给卫队，让卫队吸收金箍棒的力量。

悦女士：卫队吸收了金箍棒的力量后变得更白了，充满了力量，他们在呐喊，想要出征。（卫队代表免疫细胞，卫队强化后，潜意识象征着体内的免疫细胞的能力提升）

Sophia 老师：好的，现在在你们附近有个隐藏着的敌人，他可能很厉害，很会躲藏，也可能很恐怖很怪异。你和你的卫队一定能找到他，找到并打败他。

悦女士：找到了，在一个角落里，是一个穿着黑色披风的敌人，卫队已经把他打死了。

Sophia 老师：很好，现在让这个画面完全消散掉。这时候，把注意力放在你自己的胃上，看看会出现什么样的画面。

悦女士：就是胃的器官图。

Sophia 老师：再让这个画面消散掉，注意力还是放在自己的胃上，这时候会出现一幅什么样的风景画。

悦女士：有山有水，有小鸟，还有条林荫小道。

Sophia 老师：让刚刚海底的生命之泉来浇灌这个画面，让这幅画充分地吸收生命之泉。

悦女士：画面变得生动了，充满生机，还有了鸟叫声。

Sophia 老师：很好。那现在让这个画面完全消散掉，将注意力放在你的盆腔上，看看会出现什么样的画面。

悦女士：什么都没有，只有纯墨色。

Sophia 老师：这时候阳光里飞来一只小海豚，这是一只由无穷无尽的阳光汇聚成的具有神奇力量的海豚，让这只海豚在这片墨色的画面上自由充分地飞翔，让阳光充分地洒向这幅画面。

悦女士：颜色有点变淡了，变成了黑色，还在继续变淡……变成太阳的颜色。

Sophia 老师：有其他画面出现吗？

悦女士：没有，只有一片阳光色。

Sophia 老师：现在让海底的生命之泉也来充满这个画面，让画面完全吸收生命之泉的力量。

悦女士：黑灰色都没有了，光线变得明亮了。

Sophia 老师：让爱的源泉的力量也来充满这个画面，百分之百的爱充满这里。

悦女士：有种太阳照在身上的感觉，暖洋洋的，非常舒服。

Sophia 老师：风景画面出现了吗？

悦女士：出现了，也是有山有水的舒服画面。

Sophia 老师：好，那现在深吸一口气，慢慢地睁开眼睛，感觉如何？

悦女士：非常舒服。

图书在版编目(CIP)数据

现代心理咨询实务 / 李夏旭著 . —上海：文汇出版社，2021.1
ISBN 978-7-5496-3344-9

Ⅰ.①现… Ⅱ.①李… Ⅲ.①心理咨询-基本知识 Ⅳ.① B849.1

中国版本图书馆 CIP 数据核字（2020）第 223565 号

现代心理咨询实务

著　　者　　李夏旭
责任编辑　　徐曙蕾
装帧设计　　高静芳

出版发行　　文汇出版社
　　　　　　上海市威海路 755 号
　　　　　　（邮政编码 200041）

照　　排　　南京理工出版信息技术有限公司
印刷装订　　启东市人民印刷有限公司
版　　次　　2021 年 1 月第 1 版
印　　次　　2021 年 2 月第 2 次印刷
开　　本　　710×1000　1/16
字　　数　　200 千
印　　张　　17

ISBN 978-7-5496-3344-9
定　　价　　68.00 元